Ruth Maria Kubitschek

Im Garten der Aphrodite

Ruth Maria Kubitschek

Im Garten der Aphrodite

Roman

NYMPHENBURGER

Aphrodite und Pan geweiht

Bemerkung zu den Seiten 175–181:
Robert Ogilvie, genannt Roc, war ein schottischer Gentleman
voller Weisheit, der mit Naturwesen kommunizierte
und beim Aufbau der Findhorn foundation eng mit Peter Caddy
zusammengearbeitet hat.

1. Auflage Juni 1998
2. Auflage September 1998

© 1998 nymphenburger
in der F. A. Herbig Verlagsbuchhandlung GmbH, München
Alle Rechte, auch der photomechanischen Vervielfältigung
und des auszugsweisen Abdrucks, vorbehalten
Schutzumschlag: Wolfgang Heinzel unter Verwendung
des Aquarells »Aphrodite« von Ruth Maria Kubitschek
Satz: Schaber Datentechnik, Wels
Gesetzt aus 13/16 Punkt Pertus in PostScript
Druck und Binden: Graphischer Großbetrieb Pößneck
Printed in Germany
ISBN 3-485-00797-8

Ich bin eins mit dem Geist der Erde
Die Füße der Erde sind auch meine Füße
Die Beine der Erde sind auch meine Beine
Die Kräfte der Erde durchfließen mich
Die Gedanken der Erde sind auch meine Gedanken
Die Stimme der Erde ist auch meine Stimme
Alle Dinge der Erde sind auch meine Dinge
Mich umgeben die Dinge der Erde
Ich singe ihr Lied

                                            Hopi-Gebet

INHALT

I
Im ersten Kapitel wird erzählt, wie ich dem Obstbauer Ilg ein Stück Land abkaufe und wie mich der Windhauch des Pan streift
Seite 9

II
Im zweiten Kapitel kommt der Reschenpaß in unser Leben, und ich fahre mit Müsselchen ins Land von König Laurin
Seite 33

III
Im dritten Kapitel werfe ich einen Blick in die Vergangenheit und in den Spiegel
Seite 53

IV
Im vierten Kapitel genieße ich den Sonnenuntergang auf dem Nil und bin enttäuscht von Hathors Schweigen
Seite 65

V
Im fünften Kapitel verschluckt unser Garten einen Lastwagen voll Pflanzen, und ich träume vergebens vom Schatz unter dem Haselstrauch
Seite 87

VI
Im sechsten Kapitel nehme ich Abschied von Helmut Fischer, und Aphrodite hält pompösen Einzug
Seite 107

VII

Im siebten Kapitel begebe ich mich auf vergebliche Knödelsuche und erlebe meinen Garten als Heimat

Seite 125

VIII

Im achten Kapitel mache ich einen Ausflug in die Anderswelt und erhalte von dort meine geistigen Geschenke zum Geburtstag

Seite 141

IX

Im neunten Kapitel vermisse ich den goldenen Weizen im Herbst und erzähle im Gartenhaus eine Geschichte von Pan

Seite 169

X

Im zehnten Kapitel bleibe ich der Zwetschgenernte fern und erlebe fast so etwas wie ein Wunder auf dem Dachstein

Seite 183

XI

Im elften Kapitel werden Grenzen versetzt und im Garten Verpackungskunststücke vollbracht

Seite 199

XII

Im zwölften Kapitel beschränkt sich das Weihnachtsessen auf die Sauce, und ich freue ich mich auf all die wundervollen Erfahrungen des Lebens

Seite 215

I

*Im ersten Kapitel wird erzählt,
wie ich dem Obstbauer Ilg
ein Stück Land abkaufe,
und wie mich der Windhauch
des Pan streift*

Jetzt ist die Zeit. Wenn es überhaupt eine Zeit gibt.

Auf unserem Planeten scheint sie einen Schnellgang eingelegt zu haben, und teilweise geht uns die Puste aus, wenn wir nicht selbst in den Zeiger der Zeit greifen und sagen: »Halt! Nicht mit mir.«

Ich lasse mich nicht hetzen, ich werde ruhig atmen. Ich werde nicht mit verzerrtem Gesicht herumlaufen.

»Keine Zeit! Keine Zeit!« vor mich hinplappern und nichts mehr richtig erledigen.

Ich greife jetzt in den großen Zeiger meiner Lebensuhr und werde in diesem Jahr einen Garten bauen und nachdenken. Ich schenke mir die Zeit, die ich brauche, um wieder ganz heil zu werden.

Hinter dem Haus, in dem ich wohne, lebt ein alter Pflaumengarten auf einem ziemlich steilen Abhang so vor sich hin. Ich habe mit dem Besitzer des Grundstücks verhandelt, ich könnte es haben, es müßte nur alles seinen bürokratischen Weg gehen.

Nach dem Krieg, im Jahre 1945, nach dem Verlust der Heimat im Erzgebirge und des Besitzes, bekam mein Vater den Pflaumengarten des Gutes in Trinum bei Köthen zugewiesen, um darauf sein Haus zu bauen für uns fünf Kinder.

Ich habe jetzt auch bald einen Pflaumengarten, auch wenn ich ihn eines Tages wieder verlassen muß wie mein Vater.

Ich will etwas in Ordnung bringen auf der Erde, der Zigeuner in mir wird seßhaft, und ich versuche, die für mich gewonnene geistige Freiheit, die mich natürlich auch durch sehr viele Ängste geführt hat, zu leben.

Jetzt ist die Zeit!

Allein kann ich es natürlich nicht, ich brauche Hilfe.

Gott sei Dank habe ich einen ganzen Reigen von Freunden, die in allen Lebenslagen und bei allen Unternehmungen, die bei mir manchmal sehr kapriziös ausfallen, mir mit ihrem Rat, aber auch ihrer Tat zur Seite stehen. Jeder hat seine Aufgabe. Beispielsweise bei meinen sehr aufwendigen Bilderausstellungen in meinem Atelier. Die Bilder male ich, und Heidi und Gerhard hängen sie sorgfältig, fast pingelig genau auf und sorgen für das leibliche Wohl der Gäste. Oder bei meinen Büchern, die Müsselchen abtippt. Sie ist auch für alles Buchhalterische verantwortlich, ein wandelndes Büro mit ihrem Laptop. Ribilein hilft uns beim Saubermachen und Ordnen, und Vreni kocht bei den Ausstellungen Tee, und ihre weisheitsvollen Querschläger treffen den Nagel auf den Kopf.

Dann haben wir noch diverse Helfershelfer. Und wir haben viel Spaß bei den jeweiligen Aufgaben, denn jeder hat seine speziellen Fähigkeiten, die er zur Verfügung stellt.

Es kommt jedoch auch vor, daß einer von uns sich direkt auf die Leitung eines anderen stellt und damit alles blockiert oder daß wir gegenseitig auf unseren Leitungen herumtrampeln und über unsere eigene Dummheit hinterher viel zu lachen haben. Deshalb heißt es immer: »*Wir* machen eine Ausstellung, *wir* machen eine Lesung, *wir* bilden eine Meditationsgruppe, *wir* machen dies, und *wir* machen das.«

Und nun hieß es: »*Wir* bauen einen Garten.«

Beziehungsweise *ich* – *wir* bauen einen Garten.

Heidi meinte zu Müsselchen trocken: »Die Ruth sagt, *wir* bauen einen Garten, was für eine Furzidee.«

Müsselchen in ihrer bodenständigen Ruhe: »Baut ihr nur einen Garten, aber ohne mich.«

Ribilein, unsere bedachte Schweizerin: »Was das alles nach sich zieht, diese Verantwortung, eine immerwährende Arbeit.« Sie weiß es aus eigener Erfahrung von der Arbeit in ihrem Rebberg. Doch sie fügt hinzu: »Aber wenn du dir dieses Stücklein Erde schon seit langen Jahren sehnlichst wünschst und immer davon redest, dann tu's doch.«

Vreni war es relativ wurscht, weil sie mit ihrem Rücken sowieso nicht im Garten arbeiten kann. Und die zupackende Heidi meinte: »Wenn's denn sein muß, machen wir's halt, und Gerhard macht, was wir Weiber wollen.«

Also, es war beschlossene Sache – der Garten wird gebaut.

Wir gingen an den Ort des Geschehens und schauten in das Loch hinunter, das hier Tobel genannt wird und das unser zukünftiger Garten werden sollte: Die Pflaumenbäume von Schlingpflanzen, wilder Clematis umrankt, die vom Wald heraufarbeiteten, unter den Pflaumenbäumen Wildsprößlinge, die sich ausgesamt hatten wie ein niedriger Urwald. Und Brennesseln, Brennesseln, Brennesseln überall. Brombeeren breiteten sich zum Teppich aus, und vor lauter vertrocknetem Holunder waren die Baumstämme im Wald nicht mehr zu sehen. Wo man auch hinschaute, wehte uns Traurigkeit entgegen.

Mir fiel mein mutiges Herz in die Hosen, und laut sagte ich: »Wo fangen wir da an?«

Heidi, um die Situation zu entschärfen, sprang schon den Hang hinunter. »Kommt, machen wir eine Flurbesichtigung.«

Mit einem zaghaften Blick auf unser Schuhwerk folgten wir ihr mehr rutschend als gehend.

Jeder ging in eine andere Ecke. Heidi schlitterte zum Wald an das kleine Rinnsal, das die Grenze zum Nachbargrundstück bildet. Sie sah im Geiste einen wasserfallähnlichen Bach, umgeben von herrlichen Pflanzen, der in einen großen See mündete.

Gerhards Interesse wendete sich den Bäumen zu, die vor lauter Holunder und Schlingpflanzen kein Licht mehr hatten.

Müsselchen stapfte in Richtung Brombeeren und Himbeeren und kochte schon Marmelade.

Ribilein dachte nur, was das kostet!

Vreni schaute mich fragend an: »Warum tust du dir das an, Ruth Maria?« – nur sie spricht meinen Namen ganz aus – »Du wohnst ja nicht allein in diesem Haus und machst wieder alles für alle.«

»Ja, Vreni, das ist halt bei mir so, ich mache immer alles für alle, und mehr als schiefgehen kann's ja nicht.«

Langsam kam jeder von seiner Erkundung zurück, und wir kletterten den Hang ziemlich kleinlaut wieder hoch. Diese Arbeit, spürten wir, würde eine größere Herausforderung als alles, was wir bisher geleistet hatten.

Laut sagte ich: »Also Kinder, es wird wirklich nicht einfach, was meint ihr, packen wir's trotzdem an?«

»Also wenn du mich fragst«, sagte Heidi zögerlich, »man kann da schon was daraus machen.« Sie schubste Gerhard, und er antwortete blauäugig: »Ja, mit einer Motorsäge kann ich viel machen.«

Müsselchen brummte vor sich hin: »Immerhin, dir gehört ein Stück Erdoberfläche.«

Ribilein sagte großmütig: »Dann erfülle dir deinen Wunsch.«

Vreni wollte keine Spielverderberin sein: »Meinen Segen habt ihr.«

»Na ja, wenn ich euren Segen habe, fangen wir morgen an.«

Aber Müsselchen wagte zu bemerken: »Du hast ja den Vertrag noch nicht unterschrieben, ist das nicht etwas voreilig?«

»Das macht ja nichts«, unterbrach ich sie, »der Ilg will mir das Stück Land sonst lebenslänglich verpachten.«

Der nächste Tag war ein Sonntag im März, ein sonniger Tag. Wir waren zu sechst und fingen unten im Wald an. Es war wirklich Wahnsinn, wie es da ausschaute.

Das kleine Rinnsal wurde wohl als Müllhalde benutzt. Wir entsorgten ein Traktorrad, Kuhketten, Schuhe, Wärmflaschen und immer wieder Scherben und Draht, unvorstellbares Zeug.

Wir hatten – sehr zum Bedauern von Gerhard – nur kleine Handsägen, und das Sägen war sehr mühsam.

Heidi übernahm das Kommando.

Wir nennen sie manchmal Kasimir de Bell, weil sie uns nicht nur mit ihren Befehlen an einen jungen Ritter erinnert, schmal, blond und zäh, wie sie ist. Ihre Kommandos waren für uns alle hart, denn sie hatte genügend Ausdauer und Kraft und einen ausgeprägten badischen, nicht schwäbischen Ordnungssinn. Und so wurde der Wald gesäubert wie mein Wohnzimmer.

Ich schrie verzweifelt: »Heidi es ist ein Wald, wir wollen keinen Teppich legen.«

Sie kannte jedoch ein Pardon. Die Schlingpflanzen wurden abgesägt, die sich wie Lianen an den Bäumen hochrankten, der vertrocknete Holunder entfernt, das Rinnsal immer und immer wieder gesäubert.

Heidi meinte: »Da bauen wir später einen tollen Bach mit kleinen Becken und Wasserfällen.«

Ich wieder: »Heidi, wo willst du denn das Wasser hernehmen, das ist doch viel zu wenig?«

Heidi: »Das laß mal meine Sorge sein!«

Wir waren alle total erschöpft. Bald lagerte ein riesiger Berg von Holz oben auf der einzigen ebenen Stelle des Grundes.

»Was soll ich denn damit machen, um Gottes willen«, mein Herz fiel diesmal bis zum Knie. »Das ist ja nur ein kleines Stück – und soviel Abfall.«

Wir gingen erst mal in die Dorfkneipe gegenüber, mit dem schönsten Blick über den Untersee. Wir kamen uns unglaublich tüchtig vor und aßen mit großem Appetit Knoblauch- und Rosmarinbrot. Im Gespräch mit den Leuten vom Dorf hörten wir, daß es in der Gemeinde eine Häckselmaschine gab, die man bestellen konnte.

Auch der Ilg, der mir das Land – den Seich, wie er es nannte – verkaufen wollte, saß in der Gaststube. Er lachte sich wohl mehrmals ins Fäustchen, denn ich hatte, angeblich, zu dem Stück Land keinen Zufahrtsweg.

Ich schaute ihn jedoch treuherzig an und sagte: »Wir müssen bei Vertragsabschluß darüber reden.«

An diesem Abend fiel ich mit gemischten Gefühlen und einer Vorahnung auf einen heftigen Muskelkater in mein Bett. Wie sollte ich jemals wieder aufstehen können? Es tat wirklich alles entsetzlich weh, jeder einzelne Knochen und vor allem meine Hände, an denen sich an den Gelenken Gichthügel bildeten, doch darauf konnte ich jetzt keine Rücksicht nehmen.

Am nächsten Morgen – es war zum Glück halb so schlimm wie befürchtet – war mein Termin mit Herrn Ilg beim Notar in Berlingen, um im Grundbuch die Eintragung zu vollziehen und das Geld zu übergeben.

Ich spielte mit dem Gedanken, wie hoch mich alles in allem wohl käme, bis der Garten fertig angelegt wäre. Doch verdrängte ich ihn schnell wieder. Viel wichtiger war jetzt die Freude, daß ich ein Stückchen Erde mein eigen nennen durfte. Und über diese Freude wollte ich mich freuen und nicht wissen, wie teuer es ist.

Herr Ilg und ich gingen anschließend ins Hotel Adler in Ermatingen, um einen zu trinken, wie das üblich ist, natürlich Wein vom Ilg. Ihm gehören Weinberge, Kirschbäume, Pferde und eine große Kirschbaumwiese vor meinem Haus. Vor meiner Wohnung, besser gesagt. Alle Leute denken, ich müßte eine Villa haben und mindestens Millionär sein. Na ja, nun gehörte mir wenigstens ein Stückchen Wildnis. Beim Bauern Ilg ist es wie beim Gestiefelten Kater. »Und alles, was Sie hier sehen, gehört dem Grafen Carolin.«

Also, wir tranken Wein von seiner Traube, und nach dem dritten Glas sagte er: »Ich heiße Erwin« – »Und ich Ruth.«

Wir waren ja jetzt engere Nachbarn und besiegelten es mit einem Kuß.

Jetzt war ich schon etwas mutiger geworden.

»Weißt du, Erwin, ich muß auch mit dem Bagger über deine Kirschwiese, und dann brauche ich eigentlich viel Erde, um eine Ebene zu bauen.«

»Ja, nimm doch die Erde von meinem Hügel, und selbst den Apfelbaum kannst du haben.«

»Nein, nein, soviel nicht, aber danke.«

Ich kam vollkommen trunken nach Hause und war glücklich.

Es wird alles gutgehen, wenn Erwin mich über sein Grundstück fahren ließ, um in das Loch, was der Garten noch immer war, zu kommen.

Er meinte noch, ich sollte den Straßenbauer Ilg für alle Erdarbeiten nehmen, der würde mir mit seinem Bagger alle Schwierigkeiten aus dem Weg räumen. Um zehn Ecken sind alle verschiedenen Teile der Familie Ilg miteinander verwandt – und hoffentlich mir alle wohlgesonnen.

Der Straßenbauer Ilg kam, schaute in dieses umgewürfelte Chaos, und nach einer langen Pause sagte er: »So einfach ist das nicht. Kein Bagger kann hier fahren. Die kaputten Bäume müssen weg, und die anderen müssen geschnitten werden. Wir können Ihnen das machen, aber das wird teuer. Und auch das Holz, welches Sie hier aufgeschichtet haben, muß entfernt werden.«

»Na ja, wenn wir das selbst machen«, fragte ich, »wird es dann billiger?«

»Ja, natürlich!«

»Na, dann versuch ich es!«

Ich rief alle Freunde an, Volker, den Mann von Müsselchen, und ihren Sohn, auch Gerhard, den Kellner, und Heidi natürlich.

Großeinsatz, wir bauten eine mögliche Zufahrt für den Bagger. Wir schichteten stundenlang das Holz und die Abfälle. Volker nahm viel Holz mit nach Heiligenberg, um den Kachelofen zu heizen, wir verteilten es an die Freunde usw.... Aber es blieb immer noch ein riesiger Berg.

Der Mann von der Gemeinde, der die Häckselmaschine verwaltete, kam, runzelte die Stirn und sagte: »Wie sollen wir hier mit der schweren Maschine runterkommen? Und außerdem haben Sie das Holz falsch geschlichtet. Das dicke Ende muß nach vorn, so daß wir es besser fassen können.«

»Ich soll das alles umschichten?« fragte ich entsetzt.

»Ja natürlich! So können wir das nicht häckseln, das dauert zu lange.«

Für diesen Tag war nur Gerhard frei, und wir fingen an, dieses völlig ineinander verhedderte Gestrüpp auseinanderzureißen und mit System neu aufzuschichten.

Inzwischen hatte ich auch eine Motorsäge gekauft, und Gerhard war überglücklich.

Ich fragte ihn: »Wieso kannst du so gut mit diesem Ding umgehen und hast so viel Geschick für die Gartenarbeit?«

»Weißt du, Ruth, als Kind war ich viel bei meinem Onkel, der einen großen Hof hatte, und ich habe bei aller Arbeit mithelfen müssen. Die Schule war eigentlich Nebensache, ich half von morgens bis abends.«

Gerhard, schlank, groß und verzaubert, sah mich mit dem ihm eigenen weiblichen Charme an, den wir Frauen komischerweise nicht herstellen können, wischte sich den Schweiß von der Stirn, seine blauen Augen sahen in die Ferne, und er meinte: »Jetzt merke ich, wieviel Spaß mir die Gartenarbeit macht, ich habe einfach den falschen Beruf.«

»Ja, den haben viele – man rutscht oft in eine Arbeit hinein, verdient Geld, die Zeit vergeht, man hat nichts mehr gelernt, und auf einmal bist du Kellner. Die Kompetenz und die Begabung, die man zu jedem Beruf braucht, den man ja ein ganzes Leben lang ausübt, wird übersehen. Beruf kommt von dem Wort Berufung, doch wer wird heute noch in einen Beruf berufen? Und weil das so ist, haben wir solche Politiker, solche Ärzte und Schauspieler und – lachend könnte man sagen – und solche Kellner wie dich. Es sei denn, Gerhard, du machst was aus deinem Job, du machst den Job zu deiner Berufung. Redest mit den Leuten, die zu euch essen kommen, ermunterst sie mit deinem Charme, fragst sie wirklich, wie es ihnen geht, machst ihnen eine glückliche Stunde, reißt ein paar Witze, so daß sie wiederkommen und irgendwie getröstet sind, daß es noch freundliche Menschen gibt.

Als mein Sohn noch klein war und ich in Hamburg

Theater spielte, ging ich mit ihm zu ›Lempke‹ essen, wenn es unser Geldbeutel erlaubte. Das war ein feines Steakhaus gleich neben dem ›Atlantik‹, und der alte Kellner hatte schon Plattfüße vom vielen hin und her laufen in dem engen Raum. Er freute sich immer, Alexander, der vielleicht zehn oder zwölf Jahre alt war, zu sehen.

›Na, Alexander, wie schön, daß du wieder da bist. Ich weiß noch, was du gern ißt, Leber mit Bratkartoffeln.‹

Das Kind fühlte sich geschmeichelt, ja glücklich, daß der alte Mann sich an ihn erinnerte und sogar an das, was er gern aß.

So erging es mir oft mit Kellnern in verschiedenen Städten, doch diese Profis sterben aus. Du könntest ja so etwas weiterführen.«

Gerhard nickte etwas gequält: »Da komm ich lieber zu dir, Bilder aufhängen oder sogar Holz umschichten.«

Unser Berg wurde immer ordentlicher, wir immer verschwitzter. Zwischendurch setzten wir uns oben unter das kleine Gartenhäuschen und tranken Apfelsaft und aßen Bürlis, handgemachte Schweizer Brötchen mit Käse und Butter.

»Ruth«, Gerhard sah mich mit seinen blauen Augen an, »ich will bei dir nicht immer Käse essen.«

Da ich selbst kein Fleisch esse aus Respekt vor dem Leben der Tiere, erscheint all meinen Freunden mein Speiseplan langweilig, und ich versprach, künftig für alle immer ein reichhaltiges, abwechslungsreiches Essen zu kaufen.

Wir sahen in unseren Tobel hinunter, und ich fand es eigentlich sehr gescheit vom Ilg, daß er sich freute, den Seich, wie er es nannte, an mich verkauft zu haben.

Ich hatte zwar eine Vision, wie der Garten einmal werden sollte, noch sah alles jedoch verheerend aus, und ob man mit dieser Lehmerde überhaupt einen Garten anlegen konnte, war die große Frage. Doch jetzt war ich schon mittendrin, es gab kein Zurück mehr.

Noch Stunden mußten wir durchhalten, bis wir alles geschichtet hatten. Dann konnte die Häckselmaschine kommen.

Und sie kam. Am nächsten Morgen durch Ilgs Kirschgarten das Loch heruntergesegelt, so sah es jedenfalls aus an diesem Steilhang. Die Maschine spie das gehäckselte Holz, das unsere Truppe im Akkord zureichte, den Abhang hinunter in den Wald. Das gibt guten Humus eines Tages, versicherten uns die Profis der Häckselmaschine. Ein bißchen Bewunderung war schon in ihrem Blick, daß wir es geschafft hatten, das Holz griffbereit zu lagern und daß auch ich bis zur letzten Minute mithalf.

Und natürlich kostete das Ganze nichts: Es war ein Dienst der Gemeinde.

Das mußte gefeiert werden, und so saßen wir nach getaner Arbeit im Gartenhäuschen oben bei einem guten Glas Wein, Apfelsaft und Wasser, je nach Belieben, und der Chef der Häckselmaschine meinte zu Heidi gewandt: »Für diesen Abhang brauchen Sie zur Befestigung viele Steine.«

Dieser Satz schien bei Heidi ins Schwarze zu treffen. Sie fragte wißbegierig: »Und wo gibt es Steine?«

»Na, unten in Tägerwilen.«

»Haben die auch Bruchsteine, woraus wir eine Mauer bauen können?«

Heidi und ich hatten einfach so zum Spaß und aus unerfindlichen Gründen Häuser entworfen, Klostermauern darum gezogen und Terrassen angelegt.

Und die Häuser, die wir entworfen hatten, waren immer schöner und immer aufwendiger geworden, so daß wir jetzt froh waren, eine kleine Mauer bauen zu dürfen.

Und nun wußten wir, wo es Steine gab!

Gleich am Abend in der großen Begeisterung, die erste Hürde genommen zu haben, warfen wir uns in Heidis Auto, das heißt, ich kroch mehr in die japanische Reisschüssel und konnte mich nur mit Heidis Hilfe, bei den Steinen angekommen, wieder aus diesem roten Ding herausschälen.

Unsere Augen gingen über! Steine über Steine. Findlinge – graue, gelbe, blaugraue und vor allem in jeder Größe und Menge. Heidi wollte gleich ein paar riesige Findlinge für unser Loch haben.

»Und wie willst du die runterkriegen?«

»Na mit einem Kran.«

»Ja bist du größenwahnsinnig, willst du mich ruinieren? Es kommen nur Steine in Frage, die wir tragen können und die wir selbst holen.«

Heidi sah mich von unten nach oben an und sagte dann ergeben: »Ja, Chef, die gelben sind schön, die leuchten.«

»Ja, die leuchten, aber nicht in unserem Garten, es muß sich fügen, es muß aussehen, als ob alles schon immer so dagewesen wäre. Glaube mir, Grau oder Graublau ist besser als dieses leuchtende Ocker.«

»Wenn es regnet, färben die Steine etwas«, meinte der Steinbruchbesitzer.

Also Gelb war gestorben. Die blaugrauen gefielen mir sehr. Das seien Blaubündner, wurden wir belehrt.

»Aha, kann man damit eine Mauer bauen?«

»Ja, ich glaub schon, wenn Sie das können, eine Mauer bauen«, meinte er, nachdem er einen langen Blick über unsere Gesichter und über unsere Figur gleiten ließ, »oder«, kam dann nach Schweizer Art langsam hinterher.

Wir beide fuhren beschwingt mit drei verschiedenfarbigen Probesteinen in unserer formidablen Reisschüssel wieder heim. Insgeheim sahen wir eine Mauer, aus der schon das Gras und die Blumen wuchsen, unseren Garten umgeben.

Doch zuerst mußten wir die grobe Richtung vorgeben, der Erde eine Gestalt verleihen. Deshalb brummte abermals der Bagger über Ilgs Grund. Es war regnerisches Wetter, und er hinterließ fürchterliche Spuren im Gras unter den Kirschbäumen. Wie sollte ich das nur je wieder reparieren, der Ilg steigt mir ja aufs Dach!

»Die Natur regelt das von selbst«, sagte der gutaussehende und vertrauenerweckende Baggerführer.

Wir fingen also an.

Ich erklärte ihm, es müsse eine Ebene entstehen und sich ein Platz für einen Kreis herauskristallisieren, indem wir einen Sechsstern bauen können zum Meditieren. Bei dem Wort meditieren sah mich der Baggerführer irritiert an, und ich hatte das Gefühl, er denkt, ob die Frau wohl alle Tassen im Schrank hat?

Ich wollte schon zu Rechtfertigungen ausholen, ihm sagen, wie wichtig mir das war, diese Zeit der Stille jeden Tag. Doch es war überhaupt nicht notwendig, denn er sagte: »Na ja, gehen wir's an, oder?«

Er schwang sich in sein Häuschen, und los ging's.

Mit viel Krach verschoben wir nun die Lehmerde, und leider kam bei diesem Arbeitsgang der gute Mutterboden nach unten. Oberhalb der Pflaumenbäume sollten drei Schwünge entstehen, denn in der Natur gibt es keine Geraden, alles hat seinen eigenen Schwung. Und so nun auch unser Garten.

Als ich den Baggerführer dann bat, den Berg, der hinunter zum Garten führt, in Wege zu unterteilen, meinte er: »Das müssen Sie selbst machen, das kann ich nicht mit meinem Bagger, die Wege können Sie stechen.«

Und so stach ich also den lieben langen Tag noch

Wege, und am Abend hatte ich gerade mal zwei Meter geschafft. Ich bräuchte Wochen! Und am Ende gäbe es zwar Wege, aber ich könnte mich dann wegschmeißen.

Am Abend setzte ich mich in unser Gartenhäuschen und versuchte, mit geschlossenen Augen, fühlend, den Garten im Werden zu erspüren. Ich mußte noch mehr Erde bewegen, ich mußte mit dem Bagger Chaos schaffen und aus dem Chaos eine neue Form entwickeln.

Chaos – sterben und auferstehen geht Hand in Hand.

Man muß den Mut haben, alte Strukturen, wenn sie nicht mehr funktionieren, einzureißen und neue, schönere, sinnvollere aufzubauen.

Am Abend kam Gott sei Dank Heidi, sie hatte sich den nächsten Tag freigenommen, weil sie mir zum Glück nicht zugetraut hatte, mit den Erdarbeiten ganz allein fertig zu werden. Bis tief in die Nacht zeichneten wir: ich künstlerisch und Heidi für jedermann verständlich, wie die neue Form werden sollte.

Am Morgen stand Heidi, blond, frisch, schlank, in engen Jeans, auf dem Berg und dirigierte sachkundig den Baggerführer, der ihre Führungsrolle – im Gegensatz zu meiner – sofort anerkannte und sich nun auch bereit erklärte, die Wege in den oberen Berg zu baggern.

Mit Heidis üblicher Genauigkeit wurde der Garten wie ein zu erschaffendes Wohnzimmer behandelt.

Terrassenförmig baute Heidi den Berg ab, damit sie ihre geliebten Steine, die sie schon im Geiste sah, einbauen konnte.

Durch die Inspiration von Heidi vollbrachte der Baggerführer wahre Wunder.

Es entstanden immer mehr Ebenen bis hinunter zum Wald. Und wir waren froh um die Erde, die uns Herr Ilg so großzügig angeboten hatte.

Der Regen war unser treuer Begleiter in dieser Zeit, und die Spuren im Kirschgarten machten mir immer größere Sorgen. Wir bekamen vom Spraßenbauer Ilg ein kleineres Gefährt mit Gummiraupen, mit dem wir Erdarbeiten selbst ausführen konnten. Dieses Raupenfahrzeug machte uns unabhängig, fast autark, und wir entwickelten eine sonderbare Liebe zu ihm.

Nachdem die Form nun erkennbare Züge angenommen hatte, waren Steine angesagt! Steine – Steine – Steine.

Müsselchens Mann, der ehemalige Bankdirektor von Heiligenberg, ein alter VW mit Anhänger und ich waren dazu ausersehen, die Steine auszulesen und zu holen.

Dabei fiel mir gleich zu Anfang so ein schwerer Stein auf meinen Finger mit dem Gichthügel, und der wurde nun dicker und etwas breiter, aber Heidi und der Erdhügel waren unersättlich.

»Die Steine müssen größer sein, Ruth.«

»Ja, was glaubst du denn, wir müssen die Steine ja noch heben können, und du übrigens auch.«

»Ja, ich kann das«, brauste Heidi auf.

Der Herr Direktor und ich schauten uns an: »Aber wir nicht.«

»Ja, dann laßt sie doch vom Kran einladen.«

»Ach, Heidi, das will ich ja gerade nicht, es soll doch soviel wie möglich durch unsere Hände gehen, damit wir eine liebevolle Energie in unseren Garten pflanzen.«

»Ja, Chef.«

Nach dieser Meinungsverschiedenheit setzten wir uns friedlich in unser Häuschen und stärkten unsere doch etwas strapazierten Körper.

»Also, Ruth, wir brauchen, wenn du eine Rundmauer bauen willst, wo der Stern für die Meditation entstehen soll, Steine, die sich ineinanderfügen lassen. Gerhard hat einen Bruder, der mauern kann, der würde uns morgen zur Verfügung stehen, da müssen einfach viele und verschieden große Steinen da sein, und zum Zementanrühren brauchen wir ein ganz bestimmtes Gerät.«

»Ja, das hat der Vetterli, das besorge ich.«

»Na ja, dann holt mal weiter Steine! Gerhard fährt die Steine mit dem Raupenfahrzeug nach unten, und morgen fangen wir mit dem Mauerbau an.«

Volker und ich fuhren wieder gottergeben Steine holen, so groß und schön wie möglich.

Am liebsten wäre ich auf allen vieren ins Bett gekrochen, so weh tat mir alles. Ein Trost war nur, daß es Heidi ebenso ging, die ja fünfundzwanzig Jahre jünger ist als ich, und auch Gerhard jammernd am nächsten Morgen samt Bruder erschien.

Nun kam also ein Profi, der alle anstellte, ihm zur Hand zu gehen. Das Fundament wurde ausgehoben, den Zement mußte Heidi nach seinem Rezept anrühren und dann in die Erde gießen und trocknen lassen.

Heidi wollte um einen anderen Hügel auch noch eine kleine Mauer bauen, also stritten wir beide um die Länge des Fundaments, denn ich wollte auch eine Feuerstelle in die ausgehobene Erde einlassen.

Mühsam einigten wir uns, und unter großem Aufwand wurde das Fundament für die beiden Mauern gegossen. Nachdem es trocken war, fingen sie mit den Blaubündner Steinen zu mauern an. Hochkünstlerisch wurden die Steine ineinander gefügt. Volker und ich warfen jeweils beim Steineabliefern einen Blick darauf und bewunderten ihre Arbeit sehr.

Aber, o weh, der Zement wurde nicht fest, und die Mauer sah aus wie ein englischer Wackelpudding.

Unser Mauerbau mißlang.

Unsere Blaubündner Steine wollten auf keinen Fall eine Mauer werden. Wir lachten und weinten.

Jetzt war guter Rat teuer, oder noch teuerere Steine?

Wieder half uns der Straßenbauer Ilg aus der Patsche.

Wir sollten uns eine Mauer beim Schloß Luisenberg an der Kirche ansehen. Diese Steine könne er uns besorgen.

Die Mauer an der Kirche sah wirklich gut aus.

Wir bekamen die Steine geliefert, Palette um Palette, und alles durch Bauer Ilgs Kirschgarten.

Heidi hatte sich nun in den Kopf gesetzt, die Mauer mit Gerhard allein zu bauen. Und mir standen die Haare zu Berge, denn es wurden immer mehr Steine gebraucht, und diese Steine waren schwer und groß und wurden immer noch größer. Doch Heidi und Gerhard fügten sie bei Wind und Wetter zu einer halbhohen, runden Mauer zusammen, auf der man sitzen konnte.

Nach Tagen harter Arbeit saß ich abends in eine Decke eingehüllt erstmals auf unserem Mäuerchen, sah in den sich immer mehr formenden Garten und versuchte, der Natur nah zu sein, ja, mich eins zu fühlen, mich mit der Natur zu verbinden.

Wie so oft in den letzten Jahren dachte ich an Pan, den Gott der Natur, der in unserer Zeit völlig aus dem Bewußtsein der Menschen verschwunden ist. In meinem Bewußtsein war er jedoch voller Lebendigkeit und Schönheit. Nicht der Hirtengott der Griechen, sondern dieser große, göttlich Liebende.

Ich versuchte, nicht nur eins zu werden mit seinem Reich, sondern eins zu sein mit ihm. Ich versuchte, seine Anwesenheit zu spüren, zu wünschen, zu ersehnen.

Welcher Baum in dem kleinen Wald, der nun zu

uns gehört, ist mit ihm verbunden? Die zwei Lerchen oder der Baum davor, aus dessen Stamm sich eine Gabel bildet? Die Bäume waren noch gesichtslos für mich, nahmen sie mir den Umbau übel? Waren sie in ihrer Ruhe gestört?

Und auf einmal bewegten sich leise die Blätter, und ein sanfter Windhauch umwehte mich, bei völliger Windstille.

»Der Windhauch des Pan«, durchfuhr es mich. Eine sanfte Liebkosung aus der Anderswelt. Der Anderswelt, wie die Kelten die Feen, Elfen und Baum-Elben nannten.

Vielleicht ist der Garten mein Schlüssel zum Tor zur Anderswelt, um dieses Tor wieder zu öffnen, ein Miteinander zu schaffen in unserer so realen Welt, eine Brücke zu bauen in der Wirklichkeit, in der Tat, im täglichen Leben.

Auf einmal sah ich einen wunderbaren, klaren Regenbogen am Abendhimmel. Die Verbindung von Himmel und Erde, Gott und unserer Welt. Ich hatte meine Antwort. Danke.

II

*Im zweiten Kapitel kommt der
Reschenpaß in unser Leben,
und ich fahre mit Müsselchen ins Land
von König Laurin*

Die Form des Gartens lag nun klar vor uns. Die Erde formte sich von selbst in Schwüngen und Terrassen, die unter der alten Struktur geruht hatten und nun ans Tageslicht kamen. Der Garten sah aus, als ob er schon immer so gelebt hätte. Wir hatten nur der Schönheit geholfen, wieder emporzusteigen.

Der Lehmboden bestand noch immer aus großen Klumpen, die wir irgendwie klein bekommen mußten. Gerhard, Heidi und ich fanden es zwingend, eine Gartenfräse zu kaufen, um die Erde zu zerkleinern und aufnahmefähig zu machen für Samen und Blumen.

Unser Nachbar zur Linken, Herr Keller, der immer wieder kopfschüttelnd unsere Umbauarbeiten betrachtete, fragte mich eines Tages: »Was machen Sie da eigentlich?«

Mit meiner ganzen Herzlichkeit versicherte ich ihm, er könne ganz beruhigt sein, ich baue immer nur Schönheit.

Das hätte er schon gesehen, als ich den Garten am Haus für alle geschmückt hätte. »Aber was wollen Sie denn da unten herstellen mit dieser Erde, das ist doch sinnlos.«

Trotzdem erklärte er mir, in welchem Geschäft für landwirtschaftliche Geräte in Tägerwilen wir eine Fräse kaufen konnten.

Wir fuhren hin und erklärten unsere Situation.

Der Verkäufer schaute uns fassungslos an, wir sahen eventuell etwas verwegen aus, auf alle Fälle nicht wie vom Land. Er zeigte uns zwar mehrere Modelle, sagte dann aber sehr bestimmt, daß das nichts für uns sei.

Wir standen nun einigermaßen blöd herum, weil er uns partout diese Fräse nicht verkaufen wollte.

So kauften wir beschämt einen Rechen mit einem zwei Meter und zehn langen Stiel, mit dem Gerhard, als er sich herumdrehte, den Laden demolierte.

Mit dem Stiel nach oben durchs Schiebedach fuhren wir sehr zirkusmäßig heim. Also ich für meinen Teil hatte genug von unserem laienhaften Verhalten, ein Profi mußte her.

Der Bauer Gilg, der schöne Bauer unseres Dorfes, wie ich ihn nenne, erklärte sich bereit, den Boden zu eggen und Gras zu säen. Er gab uns den Rat, einen Lastwagen voll Humus über das Gebiet zu streuen, den er gleich mitbringen würde.

Und so geschah es.

Mein Herz hüpfte vor Freude, wie bröselig nun die Erde wurde. Er stellte uns noch einen jungen Mann zur Verfügung, der den Humus mit Heidi und Gerhard verteilte. Und Annemarie, die unseren Hausgarten pflegt, war eifrig damit beschäftigt, den Humus auch hier zu verteilen.

Natürlich konnte Heidi wieder nicht genug bekommen. Da sie fand, daß der Humus wirklich billig wäre, bestellte sie einen zweiten Anhänger, so daß wir nun acht Tonnen Humus auf unserem Grund im Schweiße unseres Angesichts verteilten.

»Genug jetzt«, befahl ich autoritär, »jetzt wird gesät.«

Ich schaute dem Bauer Gilg zu, wie er in harmonischen Schwüngen aus seiner Schürze den Grassamen streute. Beruf als Berufung, das konnte man bei ihm wirklich sagen.

Jeden ersten Sonntag im Monat meditieren wir in meinem Atelier.

Wir dienen an diesen Sonntagen dem Ganzen, indem wir Licht und gute Gedanken in das Bewußtsein der Menschen schicken und die Dunkelheit, die die Menschheit bewußt oder unbewußt um unseren Planeten Erde bildet, aufzulösen versuchen – soviel wir können und es uns erlaubt ist.

An diesem Sonntag erzählte ich vom Garten und daß wir eines Tages draußen meditieren könnten. Da es ein großer Fetzen Land sei, wäre ich dankbar für Pflanzen, Steine oder auch für Hilfe bei der vielen Arbeit.

Es kamen dann ein Rosenstock, drei Pfingstrosen, Steine und der Rico. Heidi war erst sehr ungehalten, daß in unsere Gemeinschaft einfach ein fremder Mann hereinschneite, und sie behandelte ihn wie Luft.

»Na, was kannst du?«

Rico bescheiden: »Ich war Maurer.«

Heidi meinte kühl: »Da kannst du ja unten am Wald die Treppe bauen.«

Es lagen ein paar riesengroße Steine zum Waldweg.

Rico schaute ruhig nach unten und sagte: »Gut, mach ich.«

Keiner von uns konnte sich seinen Namen merken, und ich fragte ihn, als er sich so tapfer mit den Steinen herumschlug und eine wirklich sachkundige schöne Treppe baute: »Wo kommst du denn her?«

»Ja, vom Reschenpaß, ich bin eigentlich italienischer Österreicher.«

»Aha, kennst du da einen Ort Laas, wo es weißen Marmor geben soll?«

»Ja klar, nach dem Reschenpaß und meinem Heimatdorf kommt dieses Laas. Dort gibt es ein riesiges Marmorwerk.«

»Glaubst du, wir finden da Statuen für unseren Garten?«

»Aber klar«, und er erzählte uns, daß er schon Statuen von Meran hochgefahren hat.

Da uns komischerweise der Name Rico nie einfiel, nannten ich ihn fortan Reschenpaß.

Dieser Reschenpaß, ein friedlicher, liebevoller Mann, war uns zugefallen, und er blieb uns erhalten.

Ich hatte keine Zeit mehr, Angst zu haben vor dem, was kommt. Ich war in der Tat im *Jetzt*.

Und im Hier und Jetzt mußte ich den Garten verlassen und nach Lana in Südtirol fahren, für eine Lesung zum Blütenfest.

Müsselchen begleitete mich, und der Reschenpaß hatte uns lang und breit und langsam erklärt, wie wir fahren sollten, um den Reschenpaß und Laas und das Marmorwerk zu finden.

Müsselchen liebt es, Auto zu fahren. Ich ziehe sie immer damit auf, daß sie bestimmt in ihrem vorigen Leben im Kosmos Raumschiffe von Stern zu Stern gefahren hat, weil sie so glücklich ist, wenn sie am Steuer sitzt. Nur wenn ein anderer fährt, wird ihr schlecht.

Meine ruhige und etwas lahme Fahrweise ertrug sie gerade noch.

Beim Autofahren wälzten wir, wie bereits seit neun Jahren, ihre Probleme, in immer neuen Variationen, die mit ihrem persönlichen Wachstum und ihrer Ehe zusammenhängen.

Klare Entscheidungen zu treffen, ist nicht ihre Stärke, sie bewegt sich im Kreis, und ich bin daran an Toleranz und Verständnis gewachsen, obwohl ich sie bis heute nicht verstehe.

Ich erklärte ihr zum x-ten Male, daß nur wir selbst eine Entscheidung treffen und saubere Verhältnisse schaffen können, ohne an unsere Existenz zu denken. Wir müssen den ersten Schritt tun, dann erst kann uns geholfen werden.

Das Leben hatte mich dies nicht nur einmal gelehrt.

»Ja, du, du hast ja einen Beruf.«
»Ja natürlich, ich bin freischaffend, das heißt, ich hänge oft in der Luft. Ich hatte früher lange Zeit keine Engagements, den Sohn im Internat, was nicht billig war. Einmal, als ich mich zu einer Trennung entschied, habe ich den ›Goldenen Bildschirm‹, eine Auszeichnung von »TV HÖREN und SEHEN«, verkauft, der aus Gold war. Die viertausend Mark waren damals die Rettung für mich.

Danach kam eine schwierige Zeit, vielleicht eine meiner schwierigsten. Ich habe am Ernst-Deutsch-Theater in Hamburg gespielt, eine Tournee gemacht und gelitten wie ein Hund über meine verlorene große Liebe. Er war verheiratet, und ich wußte, wenn er sich nicht entscheidet, mußte ich dies tun.

Ja, aber jedes Jammertal hat einen Ausweg. Wenn du den ersten Schritt machst, kann dir geholfen werden, wenn du stehen bleibst, hilft man dir nicht.«

»Wer ist *man*?«

»Dein göttliches Selbst, die Engel, unsere Wegbegleiter.

Ich glaube, Rilke hat es gesagt. Er möchte am Ende seines Lebens seinem Engel ins Gesicht sehen und nicht erleben, daß sein Engel den Kopf von ihm abwendet.«

Müsselchens Gottvertrauen ist groß. Auch wenn sie nicht den ersten Schritt macht. Ihr Engel wendet bestimmt nicht den Kopf von ihr, wo sie doch in der

Schulbank rechts von sich immer für ihn Platz gelassen hat.

Was willst du machen bei soviel Urvertrauen?

Alles, was mir an negativen Voraussagen über unsere Zukunft Sorgen bereitet, wischt Müsselchen mit einem großen badischen Lappen weg.

Das Geld bleibt für sie stabil, der Euro ist wunderbar.

Vielleicht gibt sie noch zu, daß wir alle uns in einer Art Umwandlung befinden, aber auch dies geschieht bei ihr in einem gemäßigten Tempo. Letztlich wollte sie so leben, wie sie lebte, und da gehörten die Probleme eben dazu.

Vor dem Arlberg kehrten wir ein. Es ist fast schon ein Ritual für uns, in Österreich Knödel mit Kraut zu essen.

Auf dem Arlberg war noch Wintersaison. Skifahrer und viel Schnee. Doch in der Post bekamen wir dampfende Knödel und herrliches Kraut und genossen es. Vergnügt und gestärkt fuhren wir weiter durch die karge majestätische Bergwelt.

Wir fanden natürlich auch den Reschenpaß und Laas.

Das Marmorwerk war wirklich riesig. Vor dem Büro stand eine herrliche Marmorfigur, nicht zu heilig.

Ich fragte: »Kann man die kaufen?«

»Nein«, entrüstet wies man dieses Ansinnen zurück.

»Ja gibt es denn einen Künstler hier im Ort, der so etwas schaffen kann?«

»Da oben, das Haus mit den grünen Fensterläden, da können Sie ihn finden.«

Wir trafen den Künstler auf der Straße, er kam gerade mit verbundener, verletzter Hand vom Doktor. Leider hatte er anstatt auf den Marmor auf seine Hand gehauen.

Zu Fuß gingen wir durchs Dorf in seine Werkstatt. Es sprach sich schnell herum, daß ich da war. Jeder schaute nur mal so kurz vorbei.

Wir fanden ein ägyptisches Relief mit dem Ibis, der die Sonne auf dem Kopf trug und das Anchkreuz.

Ich fand es wahnsinnig aufregend, gerade hier in dieser Bergwelt an Ägypten erinnert zu werden, weil ich Ende April für acht Tage nach Ägypten fliegen wollte.

Der Künstler schenkte mir zwei naturbelassene Marmorsteine und das Versprechen, zur Lesung nach Lana zu kommen.

Glücklich fuhren wir weiter und freuten uns auf die Begegnung mit Doktor Ausserer, einem Psychologen, der die Lesung in die Wege geleitet hatte.

Herzlich wurden wir empfangen, der Doktor erwartete uns.

Wir hatten uns bei Plocher kennengelernt. Jeder, der über die Energie, von der wir leben, nachdenkt, trifft sich irgendwann beim Plocher in Meersburg.

Plocher hat neue Wege gefunden für die Landwirtschaft, für unsere Erde und wie wir mit dem Wasser umgehen sollten.

Also, wir drei aßen und tranken Südtiroler Wein und redeten.

Verwandte Seelen. Es war wunderbar, bei Menschen zu sein, die man noch nicht näher kannte und mit denen einen ein Gefühl des Vertrautseins verband. Wir hatten dieselben Bücher gelesen mit alten und neuen Prophezeiungen, die am Ende dieses Jahrtausends auf uns zukommen sollen.

Immer mehr Bücher, immer mehr Vermutungen, noch größere Katastrophenankündigungen überfluten den esoterischen Leser. Was hat das alles für einen Sinn, noch mehr Angst unter den Menschen zu verbreiten?

Wir waren uns einig, daß wir uns aus dieser Angst ausklinken mußten und auch aus vielem anderen, und vor allem aus der Lethargie des Nichtstuns.

Wir haben es in der Hand, unsere Welt zu verändern. Prophezeiungen werden uns gegeben, damit wir handeln und nicht wie die Kaninchen vor der Schlange stehen und warten, bis das Schreckliche passiert. Als wir sicher waren, den Anforderungen dieses neuen Jahrtausends gewachsen zu sein, war ich jedoch in meiner Müdigkeit der schon anklingenden Erkältung und der Weinmenge keineswegs mehr gewachsen. Ich wollte die Welt verändern und konnte nicht mehr aufstehen. Meine Beine waren aus Gummi, und ich sackte immer wieder zusammen.

Gott sei Dank verklickerte sich der Doktor diskret, um das Elend nicht zu sehen, und die Bedienung trug mich edelmütig ins Bett.

Mir war das alles sehr peinlich.

Mir war so schlecht, und die Nacht nahm kein Ende.

Am Morgen wollte mich Müsselchen zum Frühstück holen, zu ihrem Erstaunen lag ich jedoch mit dem Pullover im Bett und suchte verzweifelt den zweiten Socken.

Mein Kopf schmerzte, ich versuchte trotzdem aufzustehen, aber ich war zu schwach.

»Müsselchen, ich weiß gar nicht, wie ich das heute abend mit der Lesung machen soll, ich bin ja total heiser und ein jämmerlicher Anblick.«

Müsselchen konnte ihre Schadenfreude nicht verbergen, daß gerade mir so etwas passiert, wo ich doch immer so klug daherrede über Beherrschung, Disziplin usw.

Sie kam genüßlich jede Stunde und fragte mitleidig, wie ich mich fühle. Doktor Ausserer wäre auch schon da und wollte mit uns frühstücken, und später zum Essen ausführen und mir den Rosengarten zeigen und mich über den König Laurin aufklären, nach dem ich ihn gestern abend gefragt hatte.

Bis ein Uhr schaute sie immer wieder fragend ins Zimmer, ich winkte nur ab.

»Macht nichts, der Doktor und ich unterhalten uns trefflich über meine Probleme, und das mit einem Psychologen, einem Profi würdest du sagen.«
»Tut das bitte, aber laßt mich in Ruhe.«
Um zwei Uhr raffte ich mich auf, vorsichtig, langsam, daß mein Magen nicht ins Schwanken kam, und mir wurde der Rosengarten gezeigt, und Doktor Ausserer erzählte uns die Sage vom König Laurin.

»Wenn man vor Bozen den Blick nach Osten richtet, sieht man ein hohes Felsgebirge emporstarren mit langer zackiger Gipfelkette, die zur Abendzeit wundersam erglüht. Dieses Gebirge ist der Rosengarten. Einst war es nicht so steil und kahl, sondern leicht zugänglich und ganz mit Rosen bedeckt.

In dem Rosenhang wohnten kleine Leute, die einen König namens Laurin hatten. Der Berg war hohl, und es befanden sich darin viele Säle mit unermeßlichen Schätzen. Die Grenze dieses geheimnisvollen und zauberhaften Reiches wurde nicht wie üblich durch einen Wall oder einen Zaun gebildet, sondern bloß durch einen dünnen Seidenfaden geschützt, der die Rosen rings umhegte. Es war hier noch die gute alte Zeit, kein Haß und kein Totschlag. Eines Tages hörte Laurin, daß ein benachbarter König eine wunderschöne Tochter habe mit Namen Similde, und er beschloß, um sie zu freien.

Er schickte drei seiner besten Zwerge als Boten in das fremde Königreich, um bei der Prinzessin für ihn zu werben, doch die Prinzessin lehnte den Antrag ab.

Auf dem Schloß war auch ein Torhüter mit Namen Wittige, der freute sich, und er verspottete die drei traurigen Zwerge, die das Schloß verließen, mit höhnenden Worten.

Er folgte ihnen in den Wald und erschlug sogar einen von ihnen.

Da war die gute alte Zeit auch in dem Rosengarten zu Ende.

Der Zwergenkönig ergrimmte, und da er Zaubermittel besaß, die ihm große Macht gaben, gelang es ihm, Similde zu entführen und in seinen hohlen Berg zu bringen. Sieben Jahre hielt er sie gefangen. Der Bruder der Prinzessin erfuhr ihren Aufenthalt und sammelte starke Männer um sich, auch einen berühmten Recken mit Namen Dietrich aus Bern, die ihm helfen sollten, König Laurin zu besiegen.

Sie kamen nach langer Wanderung zu dem Seidenfaden, der den Rosenhain umhegte. Die Sommersonne strahlte, und unter dem Mittagshimmel leuchteten und dufteten die Rosen in nie gesehener Pracht und Fülle. Der starke Dietrich sagte: ›Gegen wen soll ich kämpfen, ich sehe nur einen Seidenfaden, und den mag ich nicht verletzen.‹

Da sprang Wittege vorwärts, zerriß den Seidenfaden und zerstampfte die Rosen.

König Laurin erschien. Er schwang seinen Speer und ging in drohender Haltung auf Wittege zu.

Wittege sprach: ›Komm nur her, Zwerglein, ich nehme dich bei den Füßen und schlage dich an die Felswand.‹

Aber Wittege kam in eine so bedrängte Lage, daß er den starken Dietrich bitten mußte, ihm zu helfen, denn Laurin hat einen Gürtel, der ihm zwölffache Männerkraft verleiht.

›Zerreiße ihm den Gürtel, und der Sieg wird dein sein.‹

So überwältigte Dietrich den tapferen Zwerg, und da öffnete sich der Berg, und die Prinzessin Similde kam mit einer Schar von Dienerinnen durch das Felsentor. Sie freute sich, ihren Bruder wiederzusehen, und dankte ihm und dem Herren für die Befreiung, aber sie sagte auch, daß König Laurin ein edler Mann sei. Er habe sie stets wie eine Königin geehrt, und die Recken sollten ihm nicht gram sein, sondern Freundschaft mit ihm schließen. Der starke Dietrich reichte Laurin die Hand und bot ihm Frieden an. Der Zwergenkönig lud sie alle in sein Reich und zeigte ihnen die wohlgefügten Kunstwerke und beispiellosen Schätze, die der Berg enthielt.

Sie aßen und tranken zusammen, aber Wittege schlich sich hinaus, holte seine Krieger, um dann in feindlicher Absicht in den Berg einzudringen. Es war in dieser Nacht ein heilloses Durcheinander, und die starken Recken bezwangen das Zwergenreich und nahmen König Laurin gefangen.

Sie nahmen ihn mit sich, und er wurde an einen

Pfahl gebunden, mußte singen und tanzen, und die Reisigen und Recken lachten ihn aus. Viele Jahre verbrachte Laurin in Gefangenschaft und in großem Leid. Eines Nachts konnte er sich befreien und kehrte auf langen Wegen in seine Berge zurück. Als er um die Talecke bog und plötzlich den Rosengarten erblickte, der wie ein Wunder über den Wäldern stand, da sprach er: ›Diese Rosen haben mich verraten. Hätten die Recken nicht die Rosen gesehen, wären sie nie auf meinen Berg gekommen.‹ Deshalb ließ Laurin den ganzen Rosengarten zu Stein werden und sprach einen Zauberbann darüber aus, damit die versteinerten Rosen weder bei Tag noch bei Nacht gesehen werden können. Er hatte jedoch die Dämmerung vergessen, so daß der verzauberte Garten in der Dämmerung seine Rosen zeigt. Das nennt man Alpenglühen. Da treten die Menschen aus ihren Hütten heraus und schauen und staunen und haben wieder eine Ahnung von der guten alten Zeit, wo es noch keinen Haß gab und keinen Totschlag. Wenn der Rosengarten verglüht ist und seine Gipfel in kalter Klarheit stehen, kehren die Menschen wehmütig in ihre Wohnungen zurück. So meldet die alte Mär von dem mit einem Seidenfaden eingehegten Rosengarten, von Witteges Gewalt und von Laurins Leid.«

Nach dem Rosengarten führte Doktor Ausserer uns in ein gutes Restaurant, wo ich langsam eine Suppe löffelte, die zwei speisten meine Lieblingsknödel.

Müsselchen genoß es, mich so schwach zu sehen, und ich schämte mich sehr vor dem Doktor, der mir auch noch gefiel.

»Bitte, ich müßte vor der Lesung nochmals schlafen!«

Stimme hatte ich inzwischen überhaupt keine mehr, doch das Urvertrauen von Müsselchen war nicht zu erschüttern.

»Heute abend kannst du wieder sprechen.«

Und so war's denn auch. Es war so eine Leichtigkeit und Gelassenheit in mir, daß ich locker über meine Heiserkeit sprach und ebenso locker die Fragen des sehr gutaussehenden Bürgermeisters, der mich auf der Bühne interviewte, beantwortete.

Wir stellten fest, daß auch ich nun ein Obstbauer war mit meinen sechzehn Pflaumenbäumen, zwei Hochstammäpfeln und zwei weiteren Apfelbäumen. Ich hatte einen neuen, tiefen Bezug zum Blütenfest in Lana, wo man für die Schönheit der Blüten dankt und dafür, daß sie keinen Frost bekommen haben. Durch die Ehrung der Schönheit glaubt man, auf eine gute Ernte hoffen zu dürfen.

Vom Marmorkünstler, der wirklich von Laas nach Lana zur Lesung gekommen war, bekam ich eine Eule aus Marmor geschenkt: das Tier der Weisheit. Und Müsselchen kommentierte dies trocken, ich solle am Abend vor einer Lesung immer etwas über den Durst trinken, dann sei ich viel besser und lockerer.

Wir saßen hinterher noch bei wunderbaren gemischten Knödeln: Speckknödeln, Krautknödeln, Pflaumenknödeln, Quarkknödeln in einer Kuhstallwirtschaft.

Die Obstbauern fühlten sich in unserer Gesellschaft sichtlich wohl, und ich bat sie, am Ende ihrer Obstfelder einen Hochstamm zu setzen als Wächter und für unsere Kinder. Ein Obstbauer nickte nachdenklich, er hätte als Kind noch zwischen den Hochstämmen gespielt: Fußball, Fahrradslalom und Verstecken. Seine Kinder könnten das heute nicht mehr.

»Ja, das wäre doch ein Argument«, sagte ich listig. »Das ganze Südtirol besteht doch nur noch aus Plantagenbäumchen, die bequemer zu bearbeiten sind.«

Es schien so, als könnten die Obstbauern das annehmen, und ich erzählte ihnen, daß wir rund um den Bodensee in Deutschland, Österreich und der Schweiz einen Hochstammverein gegründet haben, um die Hochstämme, Kathedralen der Natur, zu schützen.

»Sehen die hohen Birnbäume in der Landschaft nicht aus wie Kathedralen? Sie sind ebenso kostbar wie unsere großen Kirchen, die wir ja auch nicht einreißen, selbst wenn sie nichts mehr nützen.«

Daraufhin war Stille.

Ich fühlte, die Menschen hier werden diese Gedanken in ihren Herzen bewegen. So hatte meine Lesung vielleicht einen Sinn.

Am nächsten Morgen, als ich aus dem Fenster

blickte, schauten mich die Apfelbäume in ihrem Frühlingskleid an, ein Meer von duftenden Blüten. Dazwischen Flieder, an den Häusern die Trauben von Glyzinien.

Schweren Herzens nahmen wir Abschied von diesem blühenden, warmen Land und fuhren wieder gen Norden.

Ob wohl der Zwergenkönig Laurin von seinem Rosengarten noch immer auf diese Landschaft herabschaut?

III

*Im dritten Kapitel werfe ich
einen Blick in die Vergangenheit
und in den Spiegel*

In Mals kehrten wir in unser Lieblingscafé ein, um Kuchen zu essen. So richtig viel und genüßlich, weil es mir ja wieder gutging. Zum Essen brauchte ich keine Stimme, und ich liebe österreichischen Kuchen.

Am Abend waren wir wieder am Untersee, und Müsselchen fuhr heim nach Heiligenberg.

Im Garten hatte Heidi eine Überraschung für mich. Ihr Steingarten war fertig, und sie hatte ihn mit einem grandiosen Findling, den ihr der Stein-Ilg hinuntertransportiert hatte, abgeschlossen.

»Also, Ruth, *ein* Findling muß sein.«

Nachdem der Steingarten gebaut war, konnten wir mit dem Bau des Meditationssterns und des Weges beginnen.

Ich zeichnete mit Heidi das Rondell und in der Mitte den Sechsstern, offensichtlich jedoch nicht deutlich genug, denn der Sechsstern, den ich wollte, sollte aus einem Dreieck nach oben und einem Dreieck nach unten bestehen.

Heidi zeichnete auch, für alle erkennbar – nur ich war mit meiner Erkältung nicht aufmerksam genug. So entstand ein Sechsstern mit langen Zacken.

Erst ärgerte ich mich, dann fand ich ihn schön. Er

war einfach ein Stern, der seine langen Lichtschweife in alle Himmelsrichtungen sendet. Und die Gedankenbilder, die wir bei der Meditation aufbauen, gleichsam auf die richtige Bahn schickt.

Ich bin davon überzeugt, daß unsere Gedanken unsere Wirklichkeit bauen. Da der ganze Kosmos aus Energie und Licht besteht, kann ich diese Energie positiv aufladen, mit wertvollen Gedankenbildern erfüllen und somit helfen, daß irgendwo in der Welt Gutes bewirkt wird.

Nun sollten jedoch nicht nur die Gedanken, sondern konkret ich auf Reisen gehen: nach Ägypten. Am 16. April morgens fuhr ich noch mit Fieber und dem Gefühl einer großen körperlichen Schwäche nach München. Um hübsch auszusehen, ging ich zunächst einmal zum Friseur, zu meinen langjährigen Freunden Herbert und Gerhard.

Herbert ist mein ältester Freund.

Er hat alle meine Jammertäler, meine Hochs und meine Verzweiflung erlebt, und er war immer ein diskreter, fröhlicher, auch frecher Ratgeber. Eine Zeitlang hatte er sich sogar bei mir in meiner damaligen großen Wohnung in Schwabing einquartiert, als er zu früh von einer seiner Weltreisen zurückgekommen war und nicht in seine Wohnung konnte, weil er sie vermietet hatte.

Er war mit Heinrich Harrer einer der ersten in Tibet, in Afghanistan, in Buthan, überall, wo erst viel später Touristen die Füße hinsetzten.

Ich wunderte mich immer wieder, wie Herbert, eine richtige Luxusbiene, der die teuersten Parfums der Welt über sich in Strömen goß, im Zelt oder auf der Erde ohne fließendes Wasser leben konnte.

Er war, wie mir von einem prominenten Tibet-Reisegefährten versichert wurde, der lustigste und geländegängigste der Truppe. »Wenn mich die Flöhe weiter so beißen, beiße ich zurück«, war einer seiner Sprüche.

Herbert hatte stundenlang Witze auf Lager und kannte viele Geheimnisse der Münchner Gesellschaft, die ja bei ihm im Laden ein- und ausging. Seine Geschichten hörten sich an wie aus »Tausendundeiner Nacht«. Die Zeit, die er bei mir in meiner Münchner Wohnung gelebt hatte, war eine der lustigsten in meinem Leben. Er kam jeweils um fünf oder sechs Uhr nach Hause, wir tranken Tee im Salon wie richtige Herrschaften und lachten herzlich über die Geschichten, die er so erlebte.

Dann ging er ins Bad, und die ganze Wohnung roch nach den verschiedensten Parfums. Gott sei Dank war sie groß genug, daß sich alles wieder verflüchtigen konnte.

Dann ging er *streuseln,* wie er es nannte. Irgendwann spätnachts kam er heim, ging jedoch schon sehr früh wieder zur Arbeit, und es wiederholte sich das Spiel des Duftes, der auch das ganze große Haus erfüllte, wenn er dieses eilig verließ.

Einmal tranken wir nicht nur Tee – hatten also

einen kleinen sitzen, und Herbert wollte mir zeigen, wo er nachts immer zum Streuseln hingeht.

Das endete in einer Bar, in der ein Schweinchen-Dick-Film, der ziemlich unanständig war, gezeigt wurde.

Nachdem wir nach allem Wein auch noch Eierlikör, mein damaliges Lieblingsgetränk, zu uns genommen hatten und mehr als lustig nach Hause kamen, meinten wir, wir wären doch eigentlich ein tolles Paar, küßten uns auf dem Fußboden (war gar nicht so schlecht), bekamen dann jedoch einen solchen Lachkrampf über die Bizarrheit dieses Wunsches, der trotz aller Harmonie eben doch nicht herstellbar war.

Zu eben diesem Herbert war ich nun also auf dem Weg, um mich für Ägypten verschönern zu lassen.

»Mein Gott, wie siehst du denn aus, Ruth, du hast ja immer noch die roten Flecken auf der Haut! Du bist ja auch noch richtig krank. In diesem Zustand fliegt man doch nicht nach Ägypten – diese verrückten Weiber«, echauffierte sich Herbert. »In der Hitze stehst du Schlange vor den Gräbern, mußt die stickige Luft, die in den Gräbern herrscht, einatmen, bist immer mit Touristen konfrontiert, wenn du Pech hast, kommst du in die Gräber gar nicht rein.«

Natürlich war er schon überall, kannte jedes Hotel und Grab.

»Was willst du eigentlich in Ägypten, Ruth?«

Ich sagte, während er meine Haare mit Farbe einstrich: »Mach mich ja nicht so blond, ich kann mich nicht mehr so sehen«, und erzählte ihm von Pan, der mich immer intensiver beschäftigte.

Pan, den Gott der Natur, hatte es vor den Griechen schon gegeben. In Ägypten zum Beispiel hieß er Mende. Also muß er in den Frühkulturen einen anderen Namen gehabt haben. Und ich war auf der Suche nach diesem seinen Namen.

Ich fragte immer wieder vor dem Einschlafen danach. Eines Nachts hörte ich den Namen *Hathor, Hathor.*

Ich wachte durch diesen inneren lauten Klang sofort auf und habe diesen für mich noch unverständlichen Namen *Hathor* aufgeschrieben. Ich war sehr glücklich, vielleicht war das sein Urname.

Der Name *Hathor* hat Kraft.

Dann nahm ich zufällig in einer Buchhandlung ein ägyptisches Buch in die Hand, und auf der Seite, die ich aufschlug, stand: Hathor ist die große Mutter der Welt und des Lichts, der Inbegriff von Fruchtbarkeit. Kraft ihrer Verbindung zu Sirius herrschte sie über die jährlichen Nil-Überschwemmungen und alle zyklischen Veränderungen der Natur.

War der Gott der Natur vielleicht eine Frau?

Außerdem war Hathor die Frau des Sonnengottes *Ra* und hatte zwei Söhne. Im Laufe der zeitalterlichen Veränderungen der Kulturen wurde aus der ägyptischen Hathor die griechische Aphrodite.

Ich hatte mich nie für Ägypten interessiert und

kannte außer Nofretete und Tutenchamun den Horos und gerade noch den Skarabäus, den Mistkäfer, sonst absolut nichts.

Was hatte mir also Hathor zu sagen? Warum wurde mir der Name nachts so überdeutlich in mein System gedonnert?

Deshalb wollte ich nach Ägypten. Manchmal muß ich Dinge tun aus Intuition. Weil ich nur dadurch Neues erfahren kann. Lernen kann.

Herbert hatte inzwischen meine Haare total mit Farbe eingeschmiert und die Strähnen, die dunkler werden sollten, in Silberpapier eingewickelt, wie gewünscht.

Er hörte geduldig zu, er war ja von mir schon einiges gewöhnt. Außerdem hatte er durch seine Asienreisen ein hohes Wissen und deshalb auch viel Verständnis für meine nicht sehr gewöhnlichen Ideen.

»Und du glaubst jetzt, daß Hathor dir in Ägypten erzählt, wie Pan hieß?« fragte er spöttisch. »Da kannst du gleich hierbleiben und deine Bronchien auskurieren. Du siehst angegriffen aus, geh doch mal zu einem richtigen Arzt, Ruth.«

Meine Hände wurden währenddessen manikürt.

»Was hast du denn an dem Zeigefinger, bist du noch ganz bei Trost, du hast ja die Gicht.«

»Na ja, Herbert, es sieht fast so aus, mir ist ein Stein auf den Finger gefallen.«

»Nein, Gerhard«, rief er lauthals, »komm doch mal her, was glaubst du, was das ist?«

Gerhard schaute sich meinen Finger an und meinte: »Vielleicht Arthrose?«

»Aber Kinder, ich esse seit zwanzig Jahren kein Fleisch. Die Gifte sind doch längst aus meinem Körper heraus.«

»Ja und die roten Flecken auf deinen Wangen mit den Eiterpusteln, sind das alles Langzeitwirkungen der Pubertätserscheinungen? Du hattest doch immer eine so schöne Haut.«

Die beiden ereiferten sich nun. Ich sollte doch mal an meine Karriere denken! Eine Zeit sich zurückziehen, schön und gut. Ich verbauere anscheinend!

»Du kannst ja einen Garten anlegen, aber doch nicht alles selber machen. Von den Büchern kannst du ja auch nicht leben! Denk doch mal an dich, deine Schönheit und Karriere.«

Meine Karriere war den beiden ganz wichtig, und liebevoll hatte mich Herbert mit seinem Mutterwitz und der Kenntnis um Volkes Meinung – die seiner Kundinnen – immer beraten.

Ich hätte mich nie getraut, mit Otto den Film zu machen. Ja, ich hatte schon abgesagt, da flippte Herbert beinahe aus.

»Ja, Ruth, bist du noch zu retten, das sehen doch nur die Intellektuellen und die Kinder. Die Kinder sind die Zuschauer von morgen, die Normalbürger schauen sich den Film schon gar nicht an.«

Also, ganz schnell sagte ich wieder zu.

Und die Arbeit mit Otto war für mich wunderbar,

ein absoluter Profi. Er war auf den Proben von einer noch viel größeren, umwerfenden Naivität und Situationskomik, die in den Aufnahmen gar nicht so stark herauskamen. Die Unterhaltungen mit ihm waren voller Klugheit. Otto hat mein Leben sehr bereichert, und ich war froh, daß Herbert mich überredet hatte. Seine Anteilnahme an meinem Leben ist echt, und so mußte ich nun auch bezüglich meiner roten Flecken Offenheit zeigen.

»Ich habe ein Mittel eingenommen, nach einem Buch ›Das Wunder im Kern der Grapefruit‹. Dieses Öl soll den Darm reinigen. Weil mir aus unerfindlichen Gründen meine Leber und Galle weh tun, dachte ich, dieses Öl würde alles, was nicht in Ordnung in mir ist, hinausschleusen. Aber ich bekam die roten Flecken im Gesicht. Inzwischen weiß ich, daß die Amerikaner ihre Grapefruit-Plantagen spritzen und dieses Zeug natürlich in dem Öl enthalten ist. Das haben homöopathische Ärzte und auch mein Drogist in der Schweiz festgestellt.

Nur hatte ich es schon drei Monate lang genommen.«

Herbert hielt sich den Kopf, schrie förmlich vor Empörung.

»Du kannst doch diesem esoterischen Quatsch nicht alles glauben und auch noch einnehmen. Die verdienen sich mit eurer Blödheit dumm und dämlich. Ja, Ruth, wieso hast du denn Probleme mit der Galle und Leber, du säufst ja nicht, du verträgst doch gar nichts, du lebst ja fast abstinent, außer Kuchen frißt du ja nichts.«

»Ja, Herbert«, sagte ich seufzend, »ich weiß auch nicht warum, vielleicht sind es ja die Umweltgifte?«

»Im Kuchen«, meinte er fröhlich.

Ich wagte gar nicht zu sagen, daß ich glaube, daß in diesem Zeitalter der Umwandlung auch unsere Körper eine gewisse Umstellung erfahren und diese Arbeit über die Galle und die Leber läuft.

Inzwischen wurden meine Füße pediküRt, und wir waren zu dritt in der Kabine.

»Und was machst du, so, wie du jetzt aussiehst, wenn du drehen mußt?«

Ich sah mich die ganze Zeit im Spiegel und mußte den beiden recht geben, erbärmlich, was mich da anblickte.

»Daß ich so aussehe, wie ich aussehe, hat mit meiner letzten Arbeit zu tun... Katrin war für mich nicht die Beste! Das habt ihr ja zum Teil mitbekommen!

Ich habe mich zu dieser Rolle überreden lassen, es klang alles sehr hübsch, vielleicht war es auch eine schöne Rolle, aber ich war in der Produktion unglücklich, es lief alles irgendwie schief. Ich bin nur gut, wenn ich etwas spiele mit Biß, reich und böse oder stark und unabhängig oder eine Frau mit Witz und Humor. Eine normale Frau will ich nicht spielen, normal bin ich selbst.

Im Winter haben wir in der Bavaria in einem Haus

gedreht mit einer Heizung, wie sie auf dem Bau üblich ist. Die Warmluft wird hereingewirbelt. Die Gifte im Material, mit dem so ein Schnellbau errichtet wird, werden durch das Herumwirbeln erst recht verfügbar gemacht.

Ihr wißt ja, ich war nie krank, selbst wenn ich Theater spielte und alles um mich herum schnupfte und die Grippe hatte, mich traf es nicht. Aber in diesem Fall traf es mich doch, meine Bronchien sind seit zwei Jahren angegriffen. Vielleicht, weil ich manchmal so wütend war während der Arbeit und mich nicht genug schützen konnte.

Aus jeder Erfahrung sollte man etwas lernen, und so habe ich mir geschworen, keine dieser Endlosserien mehr zu machen. Das Niveau von Monaco Franz, Kir Royal und den Guldenburgs ist nicht mehr zu erreichen, lieber laß ich die Finger davon.

Jetzt kann ich so aussehen, wie ich aussehe! Vielleicht sind die roten Flecken auch hilflose Wut, daß es in meinem Beruf, den ich ja sehr liebe, so zugeht, wie es zugeht.«

Herbert schaute mich jetzt mitleidsvoll an, und Gerhard verschwand, mit: »Ja, wenn du meinst, vielleicht tut dir ja die Hitze und die trockene Luft in Ägypten gut.«

IV

*Im vierten Kapitel genieße ich
den Sonnenuntergang
auf dem Nil und bin enttäuscht
von Hathors Schweigen*

Morgens um elf Uhr im Flugzeug. Über Skopjen, ein schönes schneebedecktes Gebirge unter mir. Ich hatte noch nie den Namen Skopjen gehört und dachte, hier müßte ich mal hinfahren. Es sah so unberührt aus.

Später flogen wir über den Olymp. Er grüßte aus fernen Zeiten, ich grüßte zurück. Jetzt gehe ich noch ferneren Zeiten entgegen.

Eine Reise in die Vergangenheit für *Hathor* – oder doch für mich?

Ich dachte an meinen Garten und den Weg, der in den acht Tagen meiner Abwesenheit gebaut werden sollte.

Alles war besprochen, eigentlich konnte nichts schiefgehen.

Und warum flog ich hier in der Weltgeschichte herum? Ich sollte doch lieber endlich versuchen, meine Wurzeln in die Erde zu bringen, ich mußte sie ja nicht direkt festpflastern.

Der Zigeuner in mir war lebendig.

Ich hatte mich zwei Freundinnen angeschlossen, die jedoch woanders saßen. Wir würden miteinander auskommen.

Es war ein sehr schöner Flug.

In Luxor zeigte sich schon am Flughafen, wie nützlich die Erfahrung von Barbara, der Fotografin, war. Sie war schon siebzehnmal in Ägypten gewesen. Außerdem sah sie sehr ägyptisch aus und konnte ein paar Brocken der Sprache, weswegen sie sehr genau kontrolliert wurde. Das nahm sie sehr gelassen und mit viel Humor, dabei waren ihre Koffer voll mit Geschenken für all ihre Freunde, auch Schnaps war dabei.

Wir kamen, dank ihrer Gelassenheit, heil davon.

Die Hitze schlug uns entgegen. Noch fand ich es wunderbar, doch als wir durch die trostlosen staubigen Straßen fuhren, kamen mir die ersten Zweifel.

Wieso sollte ich eine Antwort in Ägypten finden, die ich in der Stille zu Hause auch gefunden hätte?

Vielleicht hatte ich hier noch etwas zu erledigen, Energie meines Seins herzutragen, um etwas in meinem Lebensstrom abzuschließen?

Das Hotel war jedenfalls groß und einladend altmodisch. Gegenüber leuchtete das Westufer, die Felsen von Theben warfen warmes milchiges Licht über den Nil in das laute Treiben von Luxor.

Ich nahm lieber ein Zimmer nach hinten zum Garten. Ein hoher Raum mit Balkon. Ich hatte meine Aquarellpapiere zum Malen mitgebracht und brauchte dafür Platz und Ruhe.

Nachdem wir uns umgezogen hatten, gingen wir sofort zum Nil hinunter zu den Booten von Barbaras

Freunden, ich mit dem Aquarellblock unter dem Arm.
Zuerst nur freudiges Begrüßungsgeschrei.
»Barbara!«
»Barbara!«
Und die gar nicht so leichte Barbara wurde mehrmals hochgehoben, geküßt und gedrückt, umarmt und geschwenkt, ihre Wiederkehr gefeiert von mehreren jungen wie alten Männern.
Ihre Fülle war hier sehr begehrt, und dieses Begehrenswerte strahlte sie jetzt auch aus. Sie bewegte sich leichtfüßig und graziös. In Deutschland wirkte sie viel schwerer und unbeweglicher.
Ich wurde auch geküßt und galant ins Boot gehoben und dabei heftig an einen Männerkörper gedrückt.
Na ja, mal was anderes.
Wir segelten gleich los.
Ich war auf dem Nil. Ich konnte es noch nicht fassen.
Was sind heute noch Entfernungen!
Am Morgen in München, am Abend in Ägypten in einem Segelboot, einer Feluke, auf dem Nil bei Sonnenuntergang.
Obwohl ich sagen muß, daß die Sonne am Untersee grandioser untergeht. Sie wurde hier golden, und weg war sie.
Auf der anderen Seite des Nils stieg langsam der Mond hoch, der bald voll sein würde.

Ich segelte auf dem Nil. Komischerweise war mir alles sehr vertraut. Die Ufer mit den Feldern, die Wasserbüffel, die Hütten der Menschen. ›Es hat sich nicht viel verändert‹, dachte ich, ohne schon jemals hiergewesen zu sein.

Wo war die grandiose Vergangenheit dieses Landes?

Ich dachte an Hatschepsut mit ihrem Geliebten, dem Baumeister, im Boot zwischen dem Schilf.

»Gibt's hier noch Krokodile«, fragte ich.

Sayed, der alte mit dem Turban und einem Zahn, lachte.

»Außer uns keine.«

Er hatte ein ganz glattes, zufriedenes Gesicht mit einer Spur von Weisheit. Ich sah mir die anderen beiden Männer genauer an. Der Besitzer des Bootes war ein großer, schlanker, kraftvoller Mann mit einem Raubtiergebiß. Er hatte überhaupt etwas von einem Raubtier, etwas Sieghaftes, etwas von einem Krokodil.

Er hieß Schakal.

An einem vorsintflutlichen kleinen Kocher hockte Hagag und kochte Tee. Hagag hatte einen feinen schmalen Kopf, war zart gebaut, und man spürte, daß er vom Leben schon schwer in die Zange genommen worden war. Er wirkte demütig und ein bißchen gebrochen.

Diese drei Männer waren mir ebenso vertraut wie der Nil, die Boote und das Land. Zufall?

Hagag schaute mich mit seinen braunen Augen von

unter her an. Er schaute mich an als Mann. Den Blick kannte ich noch.

Schon lange hatte mich ein Mann nicht mehr so angeschaut. Er schätzte mich ein. Wie alt ist sie? Ist da was zu machen? O Hagag, da irrst du!

Ich hielt seinen Blick aus. Weißt du, wen du da so anschaust? Es tut gut, wenn die Menschen nicht wissen, wer ich bin.

Was hatte er auf der Erde für eine Erfahrung zu machen? Vielleicht war er zufrieden mit dem wenigen, was er hatte.

Ich hustete und nieste, sofort bekam ich das erste Glas Tee aus frischer Pfefferminze, verbrannte mir die Finger am Glas und wurde belehrt, daß man ein heißes Glas nur oben anfaßt, wenn man trinkt. Der Tee schmeckte gut, auch wenn ich etwas skeptisch war, auf dem Schiff unter diesen einfachen Umständen etwas zu trinken, aber Barbara zwinkerte mir zu: »Alles in Ordnung, ist gekocht.«

Doch nicht etwa mit Nilwasser? Na ja, wäre auch egal, dann kann man hier über den Nil zu Grabe getragen werden. Auch nicht schlecht!

Oft in schwierigen Situationen meines Lebens sehnte ich mich danach, einbandagiert zu werden, eine Urerinnerung an das Ablegen des Körpers, des Einbalsamierens, des Mumifizierens, also muß man doch noch was spüren!

Ich lasse diese Gedanken an mir vorüberfließen.

Es ist der erste Abend auf dem Nil, ich genieße die Wärme, das Wasser und das Licht.
Hagag schaut mich immer noch an.
Ich werde doch nicht verlegen?
Ja, ich wurde es.

Auch hier in Ägypten konzentrierte ich mich am Abend auf meine Meditation, das heißt, das Verbinden mit meinem höheren Selbst, das Überdenken des Tages und die Vorbereitung auf die Nacht.
Wir Menschen gehen, obwohl wir es in unserem Tagesbewußtsein nicht wissen, jeder nach seiner Lebensweise und Lernfähigkeit nachts in geistige Tempel.
Bei den Ägyptern heißt es: Wir träumen am Tag und leben in der Nacht!
Der wichtigste geistige Tempel der Menschheit ist Shamballa in der ätherischen, in der geistigen Ebene über oder unter der Wüste Gobi, natürlich für unsere Augen nicht sichtbar.
In diesem Tempel wird die Flamme der ganzen Menschheit aufrecht erhalten, und wir, ob wir es nun glauben oder nicht, gehen mit unserem geistigen Körper am 30. November in diesen Tempel und liefern das Licht, das wir in diesem Jahr durch unsere Taten aufgebaut haben, ab. Es wird nicht beurteilt, es vermehrt einfach das Licht der Menschheit.
Der Herr von Shamballa ist heute Gautama Buddha.

Und hier über Luxor ist der Tempel der Auferstehung und des Aufstiegs, die Meister hier sind Serapis Bay und Erzengel Gabriel.

Mein geistiger Körper hat es also nicht weit, sich dahin zu schwingen. Ich bitte darum, daß, wenn es geschieht, ich in meinem irdischen Bewußtsein eine Erinnerung daran behalte – ein Wort – einen Traum – ein Hauch des Göttlichen fühle.

Und Hathor, kann sie mir helfen, die Göttin Ägyptens?

Bitte!

Nichts.

Am nächsten Morgen wachte ich eher zerschlagen auf.

In mir klang nichts, absolut nichts, an das ich mich klammern konnte. Ich sammelte meine Kräfte, denn heute war der Tag von Hatschepsut, zu der ich eine besondere Verbindung hatte.

Vor ungefähr drei Jahren wurde ich im Traum zärtlich *Hatscheput* genannt.

Ich erfahre oft im Traum etwas, das ich aufschreibe, lateinisch, griechisch oder Worte, die ich nicht verstehe. Ich schreibe immer alles auf, und eines Tages entschlüsselt es sich mir.

Also mit Hatscheput hatte ich wieder mal nichts anzufangen gewußt.

Bei meinen morgendlichen Telefonaten mit Müsselchen meinte ich freudig, ich hätte jetzt endlich einen Kosenamen für mich gefunden: *Hatscheput*.

Müsselchen meinte daraufhin klug: »Das hat eher etwas mit Hatschepsut, der ägyptischen Pharaonin, zu tun.«

Ihr Name »Müsselchen« entstand, kurz nachdem wir uns kennengelernt hatten und beide im Untersee weit hinausgeschwommen waren. Fast in der Mitte des Rheins angekommen, sagte ich zu Müsselchen: »Komisch, der Name Inge paßt gar nicht zu dir, du mußt doch einen Urnamen haben.«

Durch die Einsamkeit im See und die Verbindung mit dem Wasser und dem Himmel war ich ganz durchlässig und hörte die Namen Martha und Müsselchen.

»Müsselchen, das gibt's doch gar nicht, was soll denn das?« erwiderte sie irritiert.

Wir schwammen weiter. Und als wir aus dem Wasser herausstiegen, lachte Inge und sagte: »Weißt du, Müsselchen ist gar nicht so schlecht, ich *muß* immer alles. Ich *muß* die Nonnen jeden Sonntag zur Kirche fahren. Ich *muß* mit einer alten Frau zum Einkaufen gehen. Ich *muß* für den Sportverein die Trikots waschen. Ich *muß* Seelentröster spielen, ich habe das Gefühl, ich *muß* ständig *müssen*.«

»Na, da wäre doch der Name Müsselchen eine liebevolle Umschreibung für dein *Müssen*.«

Dieser Name ist wie eine kleine Heimat für Inge geworden, weil sie ihn mehr annehmen konnte als das kurze harte Inge.

Und wenn ihre Söhne Müsselchen rufen, schmilzt sie dahin.

Vielleicht müßten wir heute Müsselchen von diesem liebevollen Namen befreien, damit sie nicht mehr *muß*.

Ich für meinen Teil hatte nun durch diesen Traum die Pharaonin *Hatschepsut* am Hals und ging auch noch in ihren Tempel.

Überall auf der Westseite des Nils leben heute viele Menschen neben den Gräbern mit ihren Kindern und Haustieren, und natürlich waren überall Touristen.

Wenn man in ein Grab hineingehen will, muß man erst die Hühner und Ziegen wegscheuchen. Und ich traute meinen Augen nicht: Früh um sieben war die breite, staubige Allee zum Tempel voller Menschen. In diesem riesigen Gelände vor dem sehr imposanten Felsen nahmen sie sich aus wie Ameisen.

Was für eine mutige Idee, den Tempel aus dem Felsen herauszuschälen. Die Natur in ihrer Erhabenheit krönt dieses Bauwerk.

Hier gab es bestimmt früher Bäume, kleine Seen und Wasserwege, und die Säulen, die so nackt aussahen, waren natürlich geschmückt mit farbigen Figuren.

Ich wußte genau, wie es früher ausgesehen hatte. Hatschepsut hatte auf den Alleen Bäume gepflanzt, die sie aus dem Land Punt mitbringen ließ.

Mir gefiel auf der rechten Seite ihres Tempels der ultramarinblaue Himmel, der mit aus Goldstrichen gezeichneten Fünfsternen ausgefüllt war, den Schutzsternen.

Die Muttergöttin Hathor wurde als Kuh dargestellt, und zwischen ihren Hörnern trug sie die Sonne. Aber sie sprach nicht mit mir.
Götter haben eben ihre Launen.
»Hathor, ich bin deinetwegen nach Ägypten gekommen, nun tu was!«
Thutmosis, ihr Nachfolger, für den sie zwanzig Jahre lang die Regentschaft geführt hatte, hat Hatschepsut so übel mitgespielt, er hat alles, was an sie erinnert, in ihrem Tempel zerstört, ja selbst ihren Namen aus dem Stein herauskratzen lassen. Sie war eine Pharaonin, die in den zwanzig Jahren ihrer Herrschaft Frieden gehalten hat, eine Pharaonin, die den Handel mit der ganzen Welt gefördert und Reichtum und Schönheit in Ägypten aufgebaut hat. Thutmosis aber wollte erobern, Macht ausüben – die üblichen Männerspiele.

Der nackte Entwurf mit den Resten an Schönheit zieht die Menschen in diesen Massen an, und Hatschepsut lebt und ihr Baumeister – ihr Geliebter, mit ihr.

Ich war erschüttert und wollte nichts anderes mehr sehen. Wollte auf dem Nil segeln, auf das Wasser schauen, auf die Ufer und nachdenken. Doch nach Barbaras Plan mußten wir noch eine Alabasterfabrik besuchen, jenseits vom Strom der Menschen.

Drei Männer saßen im Schatten und schlugen aus Alabastersteinen formschöne Vasen. Alles war so arm und einfach, daß es einem fast das Herz brach.

Am Nachmittag trug uns das Schiff von Schakal mit seinem riesigen Segel, mit vielen farbigen Fähnchen geschmückt, flußaufwärts. Der Nil ist der längste Fluß der Erde, 6671 Kilometer lang. Was für eine Wesenheit.

Wie lange lassen sich die Wasser der Erde unser beleidigendes Verhalten noch gefallen? Es ist uns nicht mehr klar, daß Flüsse aus heiligen Quellen von Bergen oder Seen entspringen und das Wasser diese heilige Information von der Quelle bis zur Mündung ins Meer trägt.

In der Hitze war es ein Labsal, auf diesem heiligen Fluß zu sein. Hagag bereitete ein Mahl auf dem Boden des Schiffes und dekorierte es liebevoll, und Sayed saß schmunzelnd am Steuer.

Verschlagen und doch voller Herzlichkeit in all ihrem Tun waren die Männer bemüht, uns ihr Land, das sie sehr liebten, in warmen gastfreundlichen Farben nahezubringen.

Sie waren einfache Ägypter, liebten diesen Nil und sahen mit wachen Augen, was hier geschah. Seit dem Bau des Staudamms blieb der kostbare Nilschlamm, vulkanische Erde, die bei Überschwemmung die Felder düngte, aus. Die Bauern mußten zu chemischen Mitteln greifen, und das Wasser des Nils wird immer mehr verschmutzt – wie alle Flüsse dieser Welt.

Am Westufer, mitten an einem Feld, hielt Schakal, und ein zwölfjähriger Junge brachte in Töpfen warmes Essen.

Gekochtes Huhn in Gemüse, Fleisch und viele köstliche fette Sachen. Oje, was machte ich nun? Bei dieser Gastfreundlichkeit muß ich einfach mitessen.

Barbara gab mir zu verstehen, daß ich einfach so tun sollte, als ob... Ich hielt mich an das Huhn in Gemüse, es schmeckte herrlich. Hinterher tranken wir Tee, und Hagag wusch alles Geschirr im Nil. Ich schaute ihm entgeistert zu.

Er meinte, es sei alles biologisch, Nahrung für die Fische. Sie machten das seit Jahrhunderten so, und dabei nahm er den Schlammsand und rieb damit die verbeulten Töpfe blitzblank. Die Gläser wurden im Nil geschwenkt, alles trocken gewischt, eingeräumt, sehr sauber und ordentlich.

Dann reichte Hagag mir kavaliersmäßig seine Hand, ich sollte jetzt ein bißchen mit ihm im Wasser entlanggehen.

»Hast du keinen Badeanzug?«

»Nein, habe ich nicht, die Freude mache ich dir nicht.«

Ich zog meine Leinenhosen hoch und watete an seiner Hand am Ufer des Nils entlang.

Es war eine Halbinsel, und die Kinder arbeiteten im Feld und kamen natürlich und bettelten um Geld.

Wir hatten immer genug in der Hosentasche.

Ich spürte, ich ging nicht das erste Mal durch diesen Fluß, und auch der Mann an meiner Seite hielt nicht zum ersten Mal meine Hand.

War es ihm bewußt?

Er schaute mich mit Männeraugen an, ich spürte, daß ich für ihn kein Alter hatte, und seine Hand tat mir gut.

Mein Vater fiel mir ein, der auch so ein fragiler, schmaler Mann war, nur mit sehr tiefliegenden blauen Augen, mit schweren Lidern, vom Leben und den Ereignissen gebeutelt.

Dreimal alles verloren, erst in der Tschechoslowakei, dann den Hof in Trinum in der ehemaligen DDR, und dann verlor mein Bruder seine Fabrik, die mein Vater kaufmännisch führte. Dieser dritte Verlust hatte ihn gebrochen.

Ich liebte meinen Vater, nie ist mir so ein Mann begegnet. Er war mutig, charmant und unmusikalisch. Er las im Gegensatz zu meiner Mutter, die ganze Bibliotheken leergelesen hat, nur Fachbücher. Immer aus dem Bereich, in dem er gerade arbeitete.

Er starb mit zweiundsiebzig, meine Mutter vier Jahre danach, auch mit zweiundsiebzig Jahren. Sie waren zwei tapfere Menschen, was haben sie alles ertragen und nie gejammert.

Ich hatte in den schweren Jahren der Flucht und danach einen wunderbaren Abwehrmechanismus: Das geht mich hier alles nichts an, ich bin nur zu Besuch auf der Erde. Auch in meiner Familie war ich nur zu Besuch, es traf mich alles nicht so, wie es mich hätte treffen sollen. Meine Mutter spürte dieses wohl und behauptete immer, ich sei der Hecht im Karpfenteich, obwohl ich glaube, ich war nie ein Raubfisch und habe meine vier Geschwister nie gefressen, sondern, im Gegenteil, mich immer für sie verantwortlich gefühlt.

Aber eben, ich gehörte da eigentlich nicht hin.

Ich habe immer noch das Gefühl, ich bin hier auf der Erde zu Besuch, jetzt weiß ich natürlich, warum: um zu lernen, um mich zu entwickeln.

Barbara hatte mir erzählt, daß Hagag seine Feluke, sein Segelschiff, verloren hatte. Es war einfach durchgerostet, und jetzt diente er bei Schakal.

Verlustgebeutelt. Ich wußte plötzlich, weshalb er mich an meinen Vater erinnerte. Dieselbe Ausstrahlung. Ich hatte großes Mitgefühl mit ihm, ich versuchte, ihm klarzumachen bei unserem Spaziergang am Rande des Nils, daß ich ihm als Mensch gegenüberstehe, nicht als Frau, und der Mensch in mir, der das Göttliche in allem sieht, würde ihm gerne helfen.

Ob er es verstanden hat, weiß ich nicht.

Ob ich ihm helfen konnte, weiß ich auch nicht.

Ich habe einfach geteilt.

In der Nacht, nach dem Genuß des Huhns, war mir so schlecht, daß ich den ganzen nächsten Tag im Bett verbringen mußte, weil in meinem Bauch zwickende und beißende Viecher unterwegs waren.

Die Mannschaft vom Schiff schickte mir eine Thermosflasche mit Tee, der mich wieder fit machen sollte.

Der Tag der Ruhe war ein Geschenk, so konnte ich

meditieren und meine Energie wieder sammeln und meine Gedanken und Liebe über dieses Land senden. Es war bestimmt nicht zufällig sein heiligster Tag: Hammelfest, das höchste Fest im Koran.

Am ersten Tag feierten die Männer, am zweiten Tag die Frauen, am dritten Tag die Kinder.

Alle Stunden betete der Muezzin vom Minarett so laut, daß man wach wurde und auch betete, ich jedoch auf meine Weise, heute ein buddhistisches Gebet, das mich immer wieder beeindruckt:

»Ich beginne diesen Tag, und alle Dinge sind völlig in Gott getaucht, in Gott und in seinen Überfluß.

Der siegreiche Christus tritt hervor mit dem Überfluß Gottes, in jeder Betätigung des Tages.

Ich weiß, daß ich Gottes erhabenes Kind bin.

Jede Bewegung des Heute ist erfüllt von Gott und von Gottes heiliger Liebe. Gott! Gott! Gott!

Ich durchflute mit dieser heiligen Liebe jedes Atom meines ganzen Wesens. Ich bin lautere goldene Flamme Gottes. Ich durchflute mit dieser lauteren goldenen Flamme alle meine Körper.

Der mächtige Christus tritt hervor und grüßt Gott Vater und Gott Mutter. Friede! Friede! Friede! Der Friede Gottes steht erhaben.«

Mit dem Wunsch, daß der Haß, der die Religionen noch trennt, schmelze und wir alle erkennen, daß die Religion nur eine Treppe ist zurück auf dem Weg zu Gott. Keiner hat die einzig richtige und beste Religion, wir alle kommen aus einer Quelle und alle Weltreligionen ebenfalls.

Und was auch immer ich für eine Inkarnation in Ägypten hatte, möge Gott mir verzeihen, was ich an negativen Energien hier hinterlassen habe.

Und dann beginne ich meine Meditation. Ich öffne meine Fußchakras in der Mitte der Füße: im linken Fuß eine Drehung nach links, im rechten Fuß eine Drehung nach rechts. Ich atme tief ein und senke mein ganzes Sein mit dem Atem als Lichtwurzeln in die geliebte Mutter Erde. Segne sie und danke ihr, daß ich mich auf ihrem Leib entwickeln darf, und bin nun bis tief hinunter in die ägyptische Erde verwurzelt.

Ich lege eine Schutzpyramide aus blauen Licht um den ganzen Raum und bitte die Engel des ersten Strahles, mich während der Meditation zu schützen.

Ich atme in meiner Vorstellungskraft dieses saphirblaue Licht weit hinaus in den Himmel und tief hinunter in die Erde.

Ich ziehe um mich selbst einen Schutzkreis.

»Im Namen der Weisheit, der Liebe, der Gerechtigkeit und der unendlichen Barmherzigkeit des einen ewigen Geistes, Amen.«

Das Allerwichtigste in der Meditation ist der Schutz, damit nur das höchste Licht in uns einfließen kann und mächtige Engel anzieht.

Nie dürfen wir uns mit der astralen Ebene verbinden.

Danach bete ich das Vaterunser in einer Neuübersetzung aus dem Aramäischen, die ich sehr liebe.
»O Gebärer, o Gebärerin! Vater-Mutter des Kosmos,
bündele dein Licht in uns – mache es nützlich:
Erschaffe dein Reich der Einheit jetzt.
Dein eines Verlangen wirkt dann in unserem –
wie in allem Licht, so in allen Formen.
Gewähre uns täglich, was wir an Brot und Einsicht brauchen.
Löse die Stränge der Fehler, die uns binden,
wie wir loslassen, was uns bindet
an die Schuld anderer.
Laß oberflächliche Dinge uns nicht irreführen,
sondern befreie uns von dem, was uns zurückhält.
Aus dir kommt der allwirksame Wille, die lebendige Kraft
zu handeln, das Lied, das alles verschönert
und sich von Zeitalter zu Zeitalter erneuert.
Wahrhaftig – Lebenskraft diesen Aussagen
Mögen sie der Boden sein,
aus dem alle meine Handlungen erwachsen.
Amen.«
Jetzt bin ich bereit und rufe mit meiner ganzen visuellen Vorstellungskraft das violette umwandelnde reinigende Licht in mir, das in meinem Herzen ruht, hervor. Dieses Licht verstärke ich nun durch meinen Atem, so daß ich von violettem Licht durchflutet und umgeben bin.
Ich rufe mit der ganzen Liebeskraft meines Her-

zens die Wesen und Mächte des violetten Feuers und bitte sie, meine Anrufungen zu verstärken und zu segnen.

Starke Energien füllen den ganzen Raum um mich, und ich bitte aus tiefsten Herzen um Vergebung für alles Leben, das ich hier in Ägypten verletzt, beleidigt ja getötet habe, sowie auch ich allem vergebe, was mir widerfahren ist. Ich atme dieses violette Licht ein und sende es kraftvoll aus, so lange, bis ich das Gefühl habe, alles Schwere löst sich langsam auf. Ich atme dieses Licht in alle Begrenzungen, in alle falsche Vorstellungen und Glaubensmuster, in alte Strukturen, die ich aufgebaut habe, damit mich diese alten Muster nicht zwingen, immer wieder dieselben Reaktionen zu erleben. Ich bitte vor allem, die Natur von meinen negativen Energien zu befreien, ich bitte das Wasser um Vergebung, die Luft, das Feuer, die Erde. Mögen die Elemente und die Wesen der Elemente mir verzeihen, so wie ich verzeihe, alles was mir durch die Elemente widerfahren ist.

Ich atme auch hier so lange mit meiner ganzen Liebeskraft violette Strahlen spiralförmig in alle Ebenen, in denen ich von mir verursachte negative Muster vermute.

Als ich das Gefühl hatte, daß mir vergeben wurde, sandte ich noch eine Weile violettes Licht für alles Leben mit der Bitte um Vergebung aus, löste meine Lichtwurzeln aus der Erde, bedankte mich für den

Schutz und für die Kraft des violetten, umwandelnden, reinigenden Lichtes.
In der Meditation findet man seine Ruhe und die Mitte, und der Atem ist die führende Kraft.
Ich ging gestärkt daraus hervor.

Am nächsten Morgen fühlte ich mich wieder wohl. Wir besuchten die Gräber der Reichen und Vornehmen.
Nach dem Grab des Großwesirs Rhamose, welches sich wirklich prachtvoll darstellte, stürzte ich jedoch dermaßen hin, daß ich wußte: Genug der Gräber, da hast du nichts mehr zu suchen!
Wir gingen daraufhin in die Märkte und Straßen, wo die Menschen heute leben. Und ich hatte soviel Freude, ihre Lebendigkeit zu spüren, mich treiben zu lassen, und zum Abschluß erlebte ich noch den Vollmond auf dem Nil, wie er über Luxor aufging. Ein großes, rötlich leuchtendes, liebevolles Mondgesicht, die Göttin der Fruchtbarkeit und Inspiration.
Ich war sehr dankbar für die Tage in Ägypten, aber genauso schlau wie zuvor. Hathor hatte mir nichts über Pan mitgeteilt. Aber nun lebte Ägypten in meinem Herzen.

Den Ruf der Hathor in der Stille der Nacht verstehe ich aus der Distanz als Ruf der Muttergottheit an alle.
Ihr Frauen, spürt das Göttinnenpotential in euch, das Kreative, das Intuitive, auch das Wilde, das nicht

Gezähmte und nicht Dressierte, und habt den Mut zur Tat.

Laßt uns alles aus unserem Leben entfernen, sauber machen und aufräumen, was uns hindert, aus unserer ureigensten Kraft zu schöpfen. Keine Schuldzuweisungen aussprechen, die Vergangenheit Vergangenheit sein lassen und *heute* etwas tun, nicht alles auf *morgen* verschieben.

Die falschen Beziehungen auflösen, liebevoll und klar nein sagen lernen. Denn erst, wenn wir bei uns aufgeräumt haben, können sich neue Tore öffnen, neue Möglichkeiten werden sich zeigen, Klarheit und Freiheit kann in unser Leben einziehen. Unser Wirken setzt sich dann wie eine Welle auf anderes Leben fort. Wenn wir von einem Berg einen Schneeball lostreten, ist er, unten angekommen, schon eine mittlere Lawine. Wir dürfen uns nicht von der Mutlosigkeit, die in der Öffentlichkeit immer mehr um sich greift, anstecken lassen.

V

*Im fünften Kapitel verschluckt
unser Garten einen
Lastwagen voll Pflanzen, und ich
träume vergebens vom Schatz
unter dem Haselstrauch*

Als ich in München ankam, wollte ich so schnell wie möglich heim, holte mein Auto aus der Garage und fuhr gleich los.

Ich liebe es, allein Auto zu fahren, schöne Musik zu hören, nachzudenken, die jeweils wechselnden Landschaften und Stimmungen am Himmel zu betrachten.

Der Weg von München zum Bodensee ist mir sehr vertraut. Wenn man am Ammersee keinen Stau erwischt, ist man schnell in der Schweiz.

Ich kam natürlich in einen Stau.

Am Himmel war ungefähr dieselbe Stimmung wie im November 1991, als ich München nach dreißig Jahren hinter mir ließ.

Wolken, Wind, Regen und keine Sonne.

Ich saß damals leicht und fröhlich, ohne äußeres und inneres Gepäck in meinem kleinen Auto, und als ich zum Ammersee kam, schaute die Sonne aus den Wolken zur Begrüßung hervor und begleitete mich in mein neues Zuhause.

Das war eine Eineinhalb-Zimmer-Wohnung in Salenstein in einem umgebauten Fachwerkhaus mit herrlichem Blick auf den Untersee, die ich bisher als Ferienwohnung genutzt hatte.

Ich wollte bescheiden und einfach leben.

Ich hatte die Münchner Wohnung in ihrer Schönheit und Großzügigkeit, die sieben Zimmer mit großen Jugendstiltüren und verschiedenen Stuckdecken, sehr geliebt.

Und es war eine großartige Erfahrung des Loslassens, und zwar des freiwilligen Loslassens, als ich alles, was ich mühsam bis zum sechzigsten Lebensjahr erworben hatte, hinter mir ließ, die Schlüssel abgab und ging.

Der Stau hatte sich aufgelöst, und ich konnte jetzt weiterfahren.

Ich hatte mir damals mit der kleinen Wohnung eine Prüfung auferlegt, die ich nach vier Monaten als Quatsch empfand.

Ich spürte, daß ich mich in meiner ganzen kreativen Kraft und meinem ausladenden Wesen, das gewöhnt war, alles immer im Großen zu denken und zu fühlen, eingeengt hatte.

Jeder Besucher, der kam, saß auf meinem Bett (und in dieser Zeit kamen aus unerfindlichen Gründen sehr viele). Es gab nur diesen einzigen Raum.

Im März fand ich dann eine große Dachwohnung im Nebenort Fruthwilen.

Und als wir mit dem wenigen, was ich noch hatte, umzogen, sagte der Schwager von Müsselchen, der meinen Schrank zusammenfügte: »Ruth, wenn du bei Fruthwilen das ›F‹ wegläßt, ziehst du nach Ruthwilen!« Und wenn ich ein »l« hinzufügte, war es sogar nach meinem Willen.

Ich scheine meinen Platz gefunden zu haben.
Alles, was mich jetzt umgibt, ist leicht und durchdacht und ohne Erinnerung.

Als ich mit meinem Auto wieder in Meersburg ankam und der Bodensee im Dunst flimmerte, war ich einfach glücklich. Ich muß nicht nach Ägypten fahren, um die Schönheit der Natur zu erleben!
Schön bist du, See, herrlich anzusehen.
Die Fahrt über den See vermittelte mir wie immer ein Gefühl der Freiheit und des Urlaubs. Erfrischt kam ich in Konstanz an und war in fünfzehn Minuten daheim. Daheim – wie das klingt, ich hatte bisher nie das Gefühl gehabt, irgendwo zu Hause zu sein. Da, wo ich mich gerade befand, war das Bett mein Zuhause, meine Zuflucht, die Hülle für die Nacht.
Ich erwarte immer etwas von der Nacht, einen Traum, oder eine Belehrung.
Es war schon dunkel, als ich ankam, und der Garten verhüllt. Ich grüßte ihn vom Balkon und ging dankbar in mein Bett. Am Morgen beim ersten Sonnenstrahl spiegelte sich die Morgenröte in meinem einfachen Tannenschrank, die mich rotleuchtend aufweckte. Meine Steine reflektierten die aufgehende Sonne in mehreren Regenbogenfarben an den Wänden meines Schlafzimmers. Seit vielen Jahren umgebe ich mich mit vielen verschiedenfarbigen Steinen, die, je nach meiner Tagesverfassung, in meiner Hosentasche landen oder einfach in der Sonne liegen und vor sich hin-

träumen. Wie schön! Ich kam mir verrückt vor, daß ich überhaupt weggefahren war.

Ich meditierte und dankte für alles, was ich erleben durfte, und ging dann neugierig in den Garten.

Wie würde er mich empfangen?

Mich empfing der Straßenbauer Ilg, der den Sand vom Weg, den er inzwischen gebaut hatte, kehrte.

»Oh, guten Morgen Herr Ilg, schon so früh auf den Beinen?«

Ich sah, daß es eine Schnapsidee gewesen war, daß wir die Steine nicht einzementieren wollten, sondern in Sand eingebettet hatten. Jetzt hatte der Regen alles herausgeschwemmt. Wenn das bei jedem Regen so passierte, wären wir nur am Kehren.

»Na ja«, sagte Herr Ilg bedächtig, »warten wir doch mal ab, was bei dem nächsten Regen passiert. Weil Heidi kommt, wollte ich die Straße sauber machen.«

»Ich bin auch gekommen, Herr Ilg – aus Ägypten.«

»Ja, ja, das sehe ich.«

In diesem Moment kam Heidi den Hang heruntergestürmt, um zu sehen, was von dem Weg nach dem Regen noch übriggeblieben war.

»Ich hab doch gleich gewußt, daß es so nicht funktioniert, wir müssen die Steine einzementieren«, worauf Herr Ilg versuchte, sein Werk zu verteidigen und auf die Natur hinwies, die sich mit der Zeit in den Zwischenräumen der Steine entwickeln konnte.

»Euer Hausmotto war ja, immer so *natürlich* wie möglich!«

»Dann mußt du nach jedem Regen den Weg höchstpersönlich säubern«, sagte Heidi forsch.

Ich wagte mutig, den Disput zu unterbrechen: »Der Weg wird zementiert«, worauf mich die beiden verblüfft anschauten, daß auch ich noch mitredete, und Heidi sagte lachend: »Ja, Chef.«

Der Straßenbauer Ilg war in der ganzen Bauzeit ein wirklich hilfreicher Freund. Wenn wir Steine brauchten, brachte er sie sofort. Wenn wir Zement, Buchenbohlen, Wegplatten, Granitplatten benötigten, war er immer bereit, alles zu beschaffen.

Wenn er längere Zeit von uns nichts mehr gehört hatte, kam er einfach vorbei und sah, was wir so machten, ging im Garten umher, lobte und ermunterte uns und ging wieder. Ich genoß den natürlichen Zusammenhalt der Menschen hier, den ich in der Stadt so nie erlebt hatte. Wir waren alle so verschieden und doch eine gute Gemeinschaft.

Nun machte ich mich also auf in meinen Garten. Das Gras war gesät, das Rondell mit dem Sechsstern strahlte von unten herauf durch den Garten. Der Weg mit seinen elf gleitenden Ebenen war fest und gut zu begehen und auch mit Schubkarren zu befahren, aber alles war kahl, ohne Gras, ohne Blumen, ohne Sträucher. Das war nun der nächste Schritt, der für Heidi sehr beglückend war, denn sie gab so gern Geld aus, und alles mußte in Hülle und Fülle sein, und diesmal war es meines, und sie schöpfte aus dem vollen.

Ein französischer Finanzminister hat einmal gesagt: »Geld ist wie Mist, man muß es streuen.«

Das machten wir, indem wir zu einem großen Gartencenter fuhren. Ich hatte mir Sträucher ausgesucht, die ich unbedingt im Garten haben wollte. Zum Beispiel einen Haselstrauch, der ein Schutzstrauch ist und unter dem man zukunftsträchtige Träume haben kann. Eventuell würde mir im Schlaf ein Schatz gezeigt, der in der Erde verborgen liegt, denn wenn das so weiterging mit dem Bau des Gartens, benötigte ich einen solchen Schatz dringend oder zumindest eine Truhe voller Gold!

Deshalb entschied ich mich zum Kauf von vier Haselsträuchern, sozusagen um sicherzugehen.

Das Komische war nur, daß Heidi sie über die Bachgrenze, beim Nachbarn Ilg gepflanzt hatte, weil wir dahin schauen müssen, und deshalb sollte es besonders schön sein.

Da es aber sehr abschüssig ist, wird der Ilg nicht unbedingt darunter schlafen. Es wäre auch ungerecht, wenn er die Schatztruhe finden würde.

Dann brauchten wir Holunder. Unter dem Holunderbaum opferten unsere Vorfahren Bier und Brot für den Erdgeist. Und wenn man am Mittsommerabend unter blühendem Holunder sitze, erzählen die Schweden, würde man den Elfenkönig mitsamt Hofstaat vorbeiziehen sehen. Nun, das wollte ich natürlich allzu gerne erleben.

Also, Holunder mußte her.

Weißdorn wollte ich als Schutzstrauch am Eingang zum Sternenplatz, denn er hält alles Negative fern. Ein Hüter der Schwelle.
Forsythien sollten im Frühling durch den Garten leuchten. Und Glyzinien die Metallsäulen des Gartenhäuschens mit den traubenartigen Blüten verdecken. Und Korkenzieher-Hasel, damit wir Weihnachten die gedrehten Zweige schneiden können, die sonst sehr teuer sind.
Es wurde ein Lastwagen voller Pflanzen.
Stiefmütterchen für den Steingarten, Enzian und Edelweiß in Erinnerung an meinen Vater, der zu Hause in Bartelsdorf mit großer Sorgfalt einen Steingarten gebaut hatte und am Abend nach der Arbeit, falsch singend, darin herumkrabbelte. Und natürlich Iris, diese wunderschöne Blume, die ich so gern male.
Hermann Hesse, der mich immer begleitet in meinem Leben, hat über die Iris ein ergreifendes Märchen geschrieben. Wie er als Kind Anselm die Blume empfunden hat: als einen Pfad tief ins Innere eines Landes mit goldenen Säulen; als einen geheimnisvollen Weg ins Innere der Blume, in sein tiefes Inneres. Dann verliebte er sich in ein Mädchen namens Iris, die er zur Frau begehrte. Sie wollte nur unter einer Bedingung einwilligen, wenn seine innere Musik mit ihrer Musik fein zusammen stimme und seine eigene Musik rein und gut zu ihrer Musik klinge, dieses müßte sein einziges Begehren sein. Dann könnte er aber nicht berühmt werden, weil all seine Traumbil-

der, die er leben wollte, nicht möglich wären. So verlor er das Mädchen Iris, fand jedoch eines Tages den Pfad tief ins Innere der Blume, in seine wirkliche Heimat, in seine Seele.

So luden wir also auch noch Iris ein und schaukelten mit unserer grünen Fracht nach Hause.

Und es begann ein neues Abenteuer in unserem Garten: Wohin mit den Pflanzen?

Wir rannten wie die wildgewordenen Handfeger mit den Sträuchern in die Ecken oder den Abhang hinunter. Bis wir für alle einen geeigneten Platz fanden, vergingen Tage. Dann war die Erde so hart, daß wir riesige Löcher ausheben mußten, um sie mit guter Erde zu füllen und den Pflanzen ein lebensfähiges Bett zu bieten. Und das Land schluckte diese Fülle von Sträuchern und Blumen, schluckte Japanische Kirschen, Magnolienbäumchen, Mandelbäumchen, Flieder, Jasmin, schluckte die ganze Pracht, die wir mühsam verteilt hatten...

Ich wollte, daß es im Frühjahr im Garten duftet wie in Italien, denn der Duft, der uns in der Natur begleitet, ist so etwas Beglückendes, Erhebendes.

Mein Garten sollte in jeder Jahreszeit seinen Duftgesang erheben. Und durch die verschiedenen Pflanzen und Sträucher wollte ich die Naturgeister, die die einzelnen Pflanzen betreuen, bitten, hier zu wohnen und zu wirken und den Duft zu verstärken.

Unser Intellekt, unser Verstand kann nicht mit einem Faun oder einer Elfe in Kommunikation treten. Und wenn die Natur wesenlos-seelenlos betrachtet wird, was dann?

In unserem Garten waren wir am Anfang. Wir bedeckten zuerst den Steinhang mit unseren Stiefmütterchen, unserem Enzian und Edelweiß. Wir entschlossen uns nach langen Diskussionen links vom Steinhang ein Kirschblütenbäumchen zu setzen und weiter unten am Hang einen kleinen Magnolienbaum. In der Rundung über dem Stern, in die Lehmerde, pflanzten wir Ginster und fette, krallende Bodendecker. Es war eine Wahnsinnsarbeit. Wir konnten am Abend nicht mehr gerade gehen und hatten uns den sichtbaren Erfolg unserer Arbeit auch eindrücklicher vorgestellt.

Dann kam Wolfgang zu Besuch. Ich weiß nicht, wie ich ihn nennen soll: Lebensgefährte, Freund, Mann?

Seit zwanzig Jahren ist er an meiner Seite und doch wieder nicht: sporadisches sehen, reden, abreisen, telefonieren und vor allen Dingen lassen – ihn loslassen. Es war für mich kein einfacher Weg, dies zu lernen. Auch ich war voller Erwartungen, mit denen wir die Freiheit des anderen einschränken und letztlich unsere Liebe zerstören.

Was am schwersten für mich ist – seine so dahingesprochene, immer ins Schwarze treffende Kritik zu ertragen, die weh tut, entweder lähmt oder zur Tat ruft.

Diesmal war der Garten dran.

»Na ja, wenn ick det so sehe, komm ick in zwei Jahren wieder und schau mir den Garten an. Det sind ja viel zu wenig Blumen, es muß viel mehr blühen, man sieht ja nichts von dem, was ihr jemacht habt, kauft Rosen, Mädels, det dauert, bis ick mir den Garten wieder anschaue.«

Heidi und ich waren ziemlich niedergebügelt, denn leider hatte er ja recht. Wir fuhren gleich wieder zum Gartencenter, ich mit Schrecken an meine Brieftasche denkend und auf das Gold der Haselsträucher hoffend.

Wir kauften Rosen und immergrüne Sträucher. Alles ist ja am Anfang klein und nicht üppig und verschwindet selbstverständlich in dem großen Garten.

Als wir spazierengingen, schaute er mich genauer an und meinte: »Sag mal, Mädel, du hinkst ja, wat is denn dat nun wieder?«

»Ja, ich weiß auch nicht, woher das kommt, vielleicht von der ungewohnten Arbeit und Schlepperei. Mein linkes Bein tut weh und knickt mir weg, und so wirkt es, als ob ich hinke.«

»Es wirkt nicht nur so, du hinkst, wat willste denn *so* spielen?«

Peng – das saß. Am liebsten hätte ich gesagt, weißt du, ich will überhaupt nicht spielen, aber ich hielt den Mund, wie so oft und tief in mir grollte es, und ich wußte, im falschesten Moment kommt dieser Groll wieder hoch, und dann schlage ich zu, völlig ungerecht und emotional, und bin erst recht angreifbar.

Nun, mein Bein machte auch mir Sorgen, aber ich

wußte, daß ich auch da einen Weg finden würde, um dieses schmerzhafte Muster, das durch die Arbeit an der Erde hochkam, zu erlösen.

Ich habe solche Vorgänge in meinem Körper in den letzten Jahren oft beobachtet, daß sich Verletzungen zeigen, um erlöst zu werden. Und es war dann auch nie ein Zufall, daß ich genau dann einen Heiler traf, der mir den nötigen Impuls gab. Und so würde auch mein Bein in Ordnung kommen, wenn die Zeit dafür reif war. Ich hatte Vertrauen, daß die richtigen Dinge auf mich zukämen. Es an Wolfgang weiterzugeben, gelang mir jedoch nicht so recht. Menschen funktionieren eben verschieden.

Ich hatte mir Zeit genommen, Zeit für mich. Und wollte diese nicht nur sichtbar in meinen Garten investieren, sondern sie vor allem für meine geistige Entwicklung nutzen. Ich hatte Zeit. Und mich zum ersten Mal zu einem Seminar angemeldet, das auf der anderen Seeseite, bei Frau Caddy stattfand. Sie ist die Frau von Peter Caddy, der Findhorn mitgegründet hat.

»Die Kunst, das Richtige am rechten Platz zur rechten Zeit, mit der rechten Intention zu tun.« Das war genau, was ich jetzt brauchte. Das Richtige tun.

Peter Dawkins, ein englischer Architekt und Gründer der Wiederentdeckung des alten Wissens der Tempelwissenschaft – er nennt es »Zoence« – griechisch Zoe = Leben, die Wissenschaft vom Leben also, leitete den Kurs. Er war mir sehr vertraut, besonders wenn er lachte. Sein Lächeln hatte etwas ganz Bezauberndes, Jungenhaftes. Ich konnte nur schlecht sitzen mit meinem Bein, und meine Galle spielte verrückt. Und es wunderte mich nicht, daß außer mir nur Heiler an dem Seminar teilnahmen.

Eine junge, sehr sympathische Frau, mit der ich darüber sprach, meinte, es seien meine Trauer, meine Verzweiflung, meine Einsamkeit, kurz – meine ungeweinten Tränen, die in dem Gallensee Unruhe stifteten. Ich fing prompt an zu heulen, weil ich die Wahrheit in ihren Worten spürte. Ich hatte noch viel zu lernen und war trotz der Tränen froh, wieder etwas Neues über mich erfahren zu haben.

Marianne, die Übersetzerin von Peter Dawkins, eine Rechtsanwältin, und ich, fühlten uns voneinander angezogen und versuchten bei den Übungen des Heilens zusammenzuarbeiten. Peter Dawkins ermunterte mich, über Pan weiter nachzudenken.

Er beschäftigte mich immer wieder in meiner Zeit der Stille. Ich weiß natürlich, daß Pan mich nicht braucht, aber ich brauche ihn, weshalb? Auf meiner Suche nach seinem Urnamen fand ich, daß es früher nur Göttinnen der Vegetation gegeben hatte. Zum Beispiel Ischtar, Inana, Isis, Astarte, Hathor, Aphrodite, Artemis, Minerva, die Mondgöttin Selene und viele andere – und nicht zu vergessen, die nordischen und keltischen Göttinnen.

Auf der Suche nach Pans Urnamen wurde mir bewußt, wie sehr die Kirche ihn mißbraucht hatte: Sie hatte das Bild des Teufels auf ihn projiziert. Mußte ich ihn befreien? Doch wer war er? Mir begegneten nur die Göttinnen der Vergangenheit, die aus unserem Bewußtsein verschwunden sind. Waren sie deshalb wirklich verschwunden? Kehren sie durch lautes Rufen in der Nacht wieder? Hatte Hathor mich gerufen, um sie aus der Dunkelheit des Vergessens wieder hervorzuholen?

Immerhin war sie die Frau des Sonnengottes Rha, der ein ebensolches Schicksal erlitten hatte. Nachdem das katholische Spanien die Kulturen der Azteken, Mayas und Inkas niedergemetzelt hatte, verschwand auch der ganze Sonnenkult, die Verehrung der Sonne (Helios, Rha – Re – Zeus, welchen Namen er auch immer hatte).

Die Sonnenbarke erhebt sich in meinem Bewußtsein mit der Rückkehr der Göttinnen, der Götter, der Engel und Elohim und der Meister. Immer klarer wird mir, daß uns Menschen ähnliches widerfahren ist.

Ich bin überzeugt – im Gegensatz zu allen negativen Prophezeiungen –, daß wir, wenn wir endlich aus unserem Tiefschlaf erwachen, uns bewußt werden, wer wir wirklich sind: nämlich alle miteinander Gottes Kinder.

Keine Sünder, wie uns die Kirche weismachen will.

Wir haben alle Gottes Schöpferkraft, und wir können das Ruder herumreißen.

Die Wissenschaftler vor allem müssen erwachen

und den Mut haben, in die eigene Verantwortung zu treten. Sie dürfen auf keinen Fall vom Staat abhängig sein.

Die Politiker müssen wissen, daß alles, was sie verursachen, auf sie persönlich zurückfällt, weil wir für alles, was wir tun, verantwortlich sind.

Voltaire hat gesagt: »Wir sind nicht nur verantwortlich für das, was wir tun, sondern auch für das, was wir nicht tun.«

Die Politiker sollten die letzte Rede von Sokrates lesen und wissen, daß das Leben nicht zu Ende ist, wenn wir sterben, sondern all unsere Taten vor uns auferstehen und Rechenschaft fordern, nicht erst beim Jüngsten Gericht, nein, oft noch in diesem Leben.

Wenn wir Milliarden ausgeben, um mit Polizeibewachung den Atommüll im Leib der Mutter zu Erde lagern, was für eine Schande für die Menschheit, für die Wissenschaft, die Politiker und uns alle, die wir uns dieses gefallen lassen.

Wir nehmen die Energie für unseren Luxus aus einer Energie, die aus dem Leib der Mutter Erde ebenfalls gewachsen ist – aus dem Uran, aber wir benutzen es falsch. Was unter dem Strich übrigbleibt, ist Zerstörung.

Wacht doch endlich auf und seht, daß wir andere Möglichkeiten der Energiegewinnung zur Verfügung haben. Diejenigen, die diese neuen Wege zurückhalten, werden ebenfalls zur Verantwortung gezogen. Es gibt nicht das Ende: »Nach mir die Sintflut!« Alle die Verursacher des Dreckes auf der Erde müssen in ihrem nächsten Leben genau in diesen Dreck zurück, und das wird bestimmt nicht einfach. Es ist höchste Zeit, daß wir aufwachen und kapieren: Wir haben nur die eine Erde. Es ist sinnlos, auf den Mars und den Mond zu schauen, um da vielleicht zu überleben. *Wer,* frage ich mich? Was ist das für eine Einstellung? Ich mache hier alles kaputt und schiele dann nach anderen Planeten, wo ich dann mit demselben Mist von vorn anfange.

Nein. Nein. Nein. Wir haben es in der Hand, daß wir Gotteskinder nicht sehend in unser Verderben rennen, sondern etwas tun – verändern.

Nämlich, neue Autos mit Motoren (wie Teslar schon 1930 in Amerika bewiesen hat) zu bauen, die ohne Benzin mit einem Converter-Motor betrieben werden. Sonnen-, Wasser-, Luft-, Wind- und Lichtenergie zu nutzen, um bessere Heizsysteme zu entwickeln mit diesen Milliarden, die wir zum Entsorgen des Atommülls brauchen. Wir könnten neue Industrien entwickeln, neue Arbeitsplätze schaffen. Es wäre soviel zu tun, daß es bestimmt keine Arbeitslosen mehr gäbe.

Die Studenten der Universität Konstanz haben Dachziegel entwickelt, die lichtempfindlich sind, sie brauchen nicht mal Sonne, fangen das Licht ein, sehen auch noch schön aus, und damit kann man die Häuser decken und hat alle Wärme der Welt.

Ich habe eine Waage mit einer Batterie, die zwanzig Jahre hält. Warum, frage ich, kann ich nicht für alles eine Batterie haben, die zwanzig Jahre hält? Nun sagen Sie nicht, das seien alles Phantastereien, die Energien reichten nicht für unseren Verbrauch. Haben wir es versucht?
Wer schläft da?
Wer verhindert da?
Wer hält da seinen Verdienst fest?
Wenn wir nicht lernen loszulassen, werden wir dazu gezwungen werden, das kann ich als Erfahrung meines Lebens weitergeben. Im Großen wie im Kleinen.

Nahe am Bodensee gibt es einen Bürgermeister (in Illmensee), der Windräder auf die Gemarkung seiner Gemeinde bauen ließ, er wird noch heute von der Unwissenheit der Menschen in seinem Raum dafür angegriffen und in seiner in die Zukunft weisenden Arbeit behindert. Sie behaupten, daß es das Landschaftsbild störe.

Und in England, in Cornwall, gibt es ganze Wälder von Windrädern, und wenn diese sich im Sonnenlicht drehen, sieht es wunderschön aus – in jedem Fall viel schöner als ein Atomkraftwerk.

Wir müssen nichts hinnehmen.

Ich glaube an die Wandlung, an das Umdenken in uns und in unserer Welt, weil ich es täglich mit mir selbst und Freunden praktiziere.

Wir versuchen, alte Machtstrukturen und deren

Gedankenformen aufzulösen. Dieses kann man nur in einer Gruppe, weil man dann stärker ist und von den Elementalen, »den Gedankenformen«, dunklen, dumpfen Zusammenballungen von Energien, Bilder der Angst, des Schreckens, nicht angegriffen werden kann. Um unseren Planeten haben sich sehr viel Elementale der Angst gebildet. Man kann immer Liebe in die Dunkelheit senden.

Das alles hat auch mit Pan zu tun, weil es sein Reich ist, seine Wälder, die wir verwüsten, und weil seine Mitarbeiter, die Naturwesen, sich von uns abwenden und durch unsere Unwissenheit und Respektlosigkeit die ganze Natur leidet.

VI

*Im sechsten Kapitel nehme ich
Abschied von Helmut Fischer,
und Aphrodite
hält pompösen Einzug*

Als ich vom Seminar von Peter Dawkins zurückkam, kaum die Wohnung betreten hatte, rief Erwin Schneider, mein Haus- und Hoffotograf, an.

»Ruth, weißt du schon, Helmut Fischer ist gestorben.«

»Nein, wußte ich nicht, danke Erwin.« Jetzt wußte ich es.

Mit meiner Ruhe war es vorbei, das Telefon klingelte immerfort.

Jede Zeitung wollte ein Statement von mir haben.

Ich hatte Helmut ja eigentlich nicht näher gekannt, wir schätzten uns während der Arbeit, die für uns beide beglückend war. Mit Helmut Dietl zu arbeiten, war einfach Erneuerung, Herausforderung, und das half Helmut zum Erfolg, und mir verhalf die Arbeit zu einem Neuanfang. Insofern verband uns diese Zeit in unserer Entwicklung. Ich schrieb meine Gedanken an Helmut für die Bildzeitung nieder.

»Ich konnte als Spatzl immer zu Dir aufschauen!

Der Monaco Franze ist von dieser Erde gegangen, und ein Strom von Liebe und Verehrung wird ihn auf seinem geistigen Weg begleiten. Lieber Helmut Fischer, ich bewundere Deine Haltung, daß Du Deine

Schmerzen allein getragen hast und Du in der Stille Deiner Familie hinübergehen konntest. Es war schön, mit Dir zu spielen; auf Deine ganz eigene Sprachmelodie konnte man gut antworten, und ich konnte als Spatzl immer zu Dir aufschauen, weil Du einfach ein großer, schöner Mann warst und bist.

Ich will nicht in Lamento ausbrechen, weil ich weiß, daß der Tod nicht das Ende ist, sondern eine der wichtigsten Erfahrungen auf diesem irdischen Lebensweg, um die Aspekte unserer Seele zu erweitern. Ich wünsche Dir, daß Du das eine weißt, daß es nicht das Ende ist, daß die Liebe der Menschen Deinen geistigen Weg erleichtert und Du heimkehren darfst in das Haus des Vaters.«

Herbert rief mich an.

»Du mußt nach München kommen zur Beerdigung. Ruth, du mußt, der Helmut ist eine Art Volksheld, und du als Spatzl gehörst dazu.«

Ich wollte doch in den Zeiger der Zeit greifen und durchatmen – nachdenken – Ruhe haben.

Keine Öffentlichkeit. Und auf Beerdigungen ging ich sowieso nicht gerne. Aber ich sah ein, daß ich hier eine Ausnahme machen mußte.

Ich fuhr einen Tag früher, um zum Friseur zu gehen und ein Tuch über mein einziges schwarzes Jacket zu suchen. Heidi fuhr auch mit.

Am Nachmittag zum Friseur. Herbert schnitt mir die Haare kurz, damit es eine Weile reicht, schimpfte nach wie vor über meine roten Flecken im Gesicht und darüber, daß ich nicht zum Arzt gehe.

Er meinte, ich müßte unbedingt ein Blumensteck machen lassen. Er hatte recht, aber jetzt war es vier Uhr nachmittags und bis zehn Uhr morgens so was auf den Friedhof zu bringen, hielt ich für unmöglich.

Wir schafften es, ein Herz aus Blumen machen zu lassen mit meinen Initialen, aber leider war dann nur ein R auf dem Herz und kein Brief von mir. Das Herz vom Spatzl zu Helmuts Füßen sah sehr hübsch aus.

Ich saß in der Nähe von Michaela May, und wir begannen bei dem Gesang »Il mare calma della sera« herzzerreißend zu heulen.

Ich glaube, es ging allen Kollegen so. Alles große Kinder und traurig, daß nun einer von uns gegangen ist, der vor allem der Mensch Helmut Fischer gewesen war und dann erst der Schauspieler. Er hatte gute Freunde, das spürte man in der Rede von Oberbürgermeister Ude.

Helmut, der nicht gläubig war und bestimmt nicht an ein Weiterleben glaubte, wird nun bei seiner Trauerfeier festgestellt haben, daß dem nicht so ist und daß er anwesend sein mußte, um zu lernen.

Ich wollte eigentlich noch mit zum Essen danach. Komischerweise sah mich Helmut Dietl distanziert an und sagte: »Was machst du denn so? Meditieren?«

Was sollte ich da noch sagen?

Also ging ich noch vor dem Essen.

Heidi wartete schon im Hotel, ich zog mich um und zeigte ihr eine Statue im Schaufenster eines Blumengeschäftes. Bei meinem letzten Besuch in München hatte ich sie beim Vorbeifahren leuchten sehen. Und sie war mir geblieben.
Kurzentschlossen kauften wir sie, weil sie irgendwie zu uns gehörte.
Es war Aphrodite, die Göttin der Schönheit – Zufall? Sie sollte unseren Garten schmücken.
Dann fuhren wir heim.
Zu Hause pflückte ich die ersten Blumen im Garten und baute ein schönes Mandala, eine Art Meditationsbild, in einem alten Steintrog mit Blumen und Kerzen zu Ehren von Helmut Fischer und wünschte ihm Licht und Leichtigkeit auf seinem neuen Lebensweg.

Wenn man nach auch nur zwei Tagen nach Hause kommt, braucht man Zeit, bis man wieder voll da ist.
Unsere Aufmerksamkeit wendete sich wieder der Gestaltung des Gartens zu.
Der Schmied in unserem Dorf, der mir für mein Atelier schon eine schöne Tafel geschmiedet hatte, sollte mir ein Sonnen- und Mondtor schmieden, und ich saß wieder mit Heidi zeichnenderweise da und probierte aus, wie ein Sonnentor aussehen könnte. Alles, was wir erdachten, erträumten, war zu teuer. So nahmen wir nach langem Hin und Her einfach eine fertige Holzsonne und zeichneten sie ab; sie war in

der Proportion genau richtig mit ihren Strahlen. Der Sonnenlogos ist für unsere Erde das höchste Prinzip der Liebe, und wir alle sollten uns ganz bewußt der Sonne zuwenden und dieses Licht ganz bewußt in unseren Körper einatmen.

Den Mond, das weibliche, das schöpferische Prinzip, wollten wir als Vollmond, zunehmend und abnehmend. Das bekam Heidi in nächtlicher Zeichenarbeit fertig, weil sie ob ihrer großen inneren und äußeren Aktivitäten, ob ihrer vielen »Baustellen«, wie wir sie nennen, schlecht schläft.

Heraus kam eine runde Scheibe, gehalten vom zunehmenden Mond. Wenn man von der anderen Seite durchs Tor schritt, dann war es der abnehmende. Ganz einfach, man mußte nur draufkommen.

Der Schmied freute sich auf die Arbeit und wir uns auf das Ergebnis.

Nun stand jedoch für mich noch eine andere Freude auf dem Programm: Sie heißt Helena, mein vierjähriges Enkelkind. Sie besuchte mich, und wir erlebten zum ersten Mal gemeinsam den Garten.

Das ganze Frühjahr hatte es eigentlich geregnet, für das Anwachsen von Pflanzen und Blumen war das Wetter ideal.

Nun war es endlich schön, hübsch, grün und warm, und wir bauten einen Sonnenschirm, zwei Liegen und diverses Spielzeug auf.

Helenas Lieblingsspiel ist heiraten.

Sie pflückte sich einen Blumenstrauß und schlang ein Tuch um den Kopf als Schleier.

Ich bekam eine Blume ins Knopfloch als Bräutigam. »Mehr brauchst du nicht«, sagte sie – und wir fuhren in unserer goldenen Kutsche mit Pferden, die selbstverständlich fliegen konnten, auf unserer Liege in die Himmelskirche der Veilchen, da heirateten wir, tauschten die Ringe, die Helena immer wieder vom Finger fielen, dann sagte sie ziemlich befehlend: »Na komm, küß mich.«

Ich küßte sie etwas verlegen.

»Na und«, sagt sie ungeduldig, »jetzt mußt du mit mir tanzen.«

Rosalo, so heiße ich, Rosali, sie.

Ich mußte nun sehr lange mit ihr tanzen, sie schwenken und durch die Luft schleudern, und wenn ich nach einer halben Stunde sagte: »Ich kann nicht mehr, ich bin doch schon alt«, sagte sie mit veilchenblauem Augenaufschlag: »Nur ein bißl«, und weiter ging's.

Ich, atemlos: »Kann ich nicht endlich was essen?«

Ich wurde erhört, und Rosali bereitete sehr liebevoll ein Essen aus Gras. Danach durften wir ein Nickerchen machen.

Aber nur kurz, denn gleich ging's weiter.

»Mann, o Mann, ich sehe eine Gefahr.«

»Wo siehst du eine Gefahr?«

»Da hinten am Baum.«

Also nahm ich mein Schwert, und Helena alias

Rosali setzte ihr Gifthorn auf, griff nach einem Straußenei, das für uns die beschützende Venus symbolisierte, und balancierte mit diesem gebrechlichen Gebilde ziemlich waghalsig in meinem Windschatten in die Gefahr.

Wir siegten natürlich, und erschöpft kehrten wir heim, setzten uns in die goldene Kutsche und flogen spazieren.

Ich versuchte Helena nebenbei zu erklären, daß, wenn sie den Rotz hochziehe und nicht die Nase putze, sie eines Tages sehr häßlich werde und nicht mehr atmen könne, worauf sie streng ihren Zeigefinger erhob und kühl sagte: »Davon sprechen wir jetzt nicht.«

Also abgeschlagen.

Dann schritten wir die Wege im Garten entlang, natürlich schwebten wir immer wieder über den Helena-Paß, sie hatte sich den schönsten Weg nach links und rechts am Hang ausgesucht, immer mit dem Straußenei, der Venus, in der Hand.

Der Heidi-Paß lag ihrem Paß zu Füßen, da schimpfte Helena jedesmal, daß Heidi die Steine für ihre kleinen Füßchen zu weit auseinandergebaut hatte und sie springen mußte.

Dann ging's hinunter zum Reschenpaß am Wald, und zwischendurch setzten wir eine Blume, ein Röschen, für Rosali.

Wir betrachten die Drachenhöhlen, die sie gebaut hatte, und damit der Drache nicht herauskam, verschlossen wir die Höhle mit einem Stein. Nachdem wir all diese Spiele gespielt hatten, wurde es Helena langweilig. Sie wollte nach oben, ein Haus bauen.

Also machten wir uns daran, mein Wohnzimmer zu verwüsten, bauten aus den Kissen der Liegen ein Haus mit einem großen Tuch als Dach – das Ganze war sehr wackelig, und wenn es einbrach, war immer der Bräutigam, sprich ich, schuld, und es gab ein großes Geschrei...

Ich schlug vor, unsere Zelte unter dem Eßtisch und der Eckbank aufzuschlagen und die Stühle als Schutz zu nehmen. Das wurde begeistert akzeptiert.

Helena kroch durch die Stuhlbeine und forderte mich auf, es ebenfalls zu tun.

Ich: »Helena, ich bin zu dick.«

»Versuch's doch.«

Ich blieb natürlich hängen, und gütig zog sie den Stuhl weg und sagte bestimmt:

»Na, kriech!«

Und ich kroch.

Jetzt waren wir natürlich der Gefahr von wilden Tieren ausgesetzt, und ich, Mann, o Mann, mußte immer wieder rauskriechen und die Löwen und Tiger vertreiben. Sie aß mit der »Venus« unterm Tisch und beschützte mich.

Schließlich aßen wir unsere Kartoffeln unterm Tisch, waren nur dort in Sicherheit, denn draußen lauerte die Gefahr. Und es gelang Helena zum Glück, daß sie auch einmal allein mit ihrem Gifthorn eine Gefahr verjagte.

Gegen Abend saßen wir dann am Fenster des kleinen verglasten Nordbalkons, ihrem Spielzimmer mit ihrem Tisch und ihrem Malzeug, und schauten in den Regen und den Himmel. Und Helena wünschte sich einen Regenbogen.

Ich sagte: »Ja, bete doch!« Und da sie in einem anthroposophischen Kindergarten ist, fand sie rührende Worte: »Gott erhöre mich, Wind und Sonne, ich lobe dich, ich wünsche mir so einen Regenbogen am Himmel, Sonne, bitte leuchte mir.«

Und tatsächlich bildete sich ein Regenbogen, und Helena war tief gerührt: »Nein, das kann ich nicht glauben.«

Dies ist uns nur nach diesem außergewöhnlichen »Kampftag« gelungen.

Im Bett erzählte ich alle Märchen mindestens dreimal. Aschenputtel liebte sie besonders, und irgendwann schlief sie im Wackelbett ein.

Ich zog mich erschöpft, aber glücklich in mein Bett zurück und konnte endlich schlafen. Mit ihrem kindlichen Spiel hatte Helena den Garten beseelt. Ich hätte es nie für möglich gehalten, daß man ein Enkelkind so lieben kann. Ich glaube, Helena ist die große Liebe meines Lebens.

Am vierten Juli kam Aphrodite, unsere Statue aus München.

Es wurde ein großes Fest, sie aufzustellen und ihre Schönheit im Garten zu bewundern. Wir tauften unseren Garten: den Garten der Aphrodite, den Garten der Mutter.

Auch Annemarie, die von ihrem Balkon den Garten am meisten genießen kann, war hingerissen. Sie wollte Aphrodite gleich putzen und die Patina entfernen.

»Um Gottes willen, laß das, das habe ich mitbezahlt.«

Kurze Zeit später schrieb meine hellsichtige, wunderbare Freundin, sie könne in meinem Garten schwingungsmäßig einen Engel wahrnehmen, er könne seine Größe beliebig verändern, was sie total fasziniere. Er könne sich derart ausdehnen, daß seine Energie einen Kilometer lang mein Wohngebiet einhülle und somit schütze. Mußte Aphrodite deshalb zu mir?

Und am sechsten Juli, einem Sonntag, hatten wir unsere erste Meditation im Garten. Das Wetter war wechselhaft, und wir bauten vierzig Stühle auf dem Rondell und dem Stern auf, machten jedoch auch im Atelier alles zurecht, um für einen Regenguß gewappnet zu sein.

Ich hatte in einem Anfall von Wahnsinn und noch ohne den gefundenen Schatz der Haselsträucher achtzig Stühle gekauft, eine Art Regiestühle, was uns die Möglichkeit gab, zweigleisig zu fahren.

Ich hatte die Aufgabe, Ingwertee zu kochen: Ingwerwurzeln zu schälen, mit Vanille und Nelke und viel Zitronensaft und Honig zu einem schmackhaften Tee zu brauen und in Thermoskannen zu füllen.

Es war ein ziemlich hektischer Sonntagmorgen, der um halb zwei Uhr in Ruhe und in Wiedersehensfreude überging.

Wir empfingen alle im Atelier – so zwischen dreißig und vierzig Menschen, hauptsächlich Frauen. Mit dem Reschenpaß waren es insgesamt drei Männer. Manchmal verirren sich noch mehr, und wir wollen die Hoffnung nicht verlieren, daß sich auch die Männer ihrer Aufgabe bewußt werden.

Wir erzählten uns alles Neue, tranken meinen formidablen Ingwertee und aßen Lores Kuchen. Die Frauen kamen oft von weit her: aus Kempten, München, Vorarlberg, Markdorf, Überlingen, manchmal sogar aus Frankfurt und Stuttgart. Jede brauchte dieses Zusammensein, dieses Kraftschöpfen in der gemeinsamen Meditation, um im Alltag die anfallenden Probleme leichter und mit mehr Gelassenheit zu lösen. Heute war nun die Premiere für unseren Garten, draußen zu meditieren im Angesicht des Himmels und der Natur.

Ich gebe zu, ich war aufgeregt, ob ich die richtigen Worte finde würde.

Ich sprach zuerst ein indianisches Gebet: »Willkommen, Energien der Erde, der Luft, des Feuers und des Wassers. Laßt uns ein Leben der Schönheit, der Ehrfurcht und des Staunens schaffen. Laßt uns den Atem der Jahreszeiten spüren. In jeder Phase des

Mondes und der Sonne möge Harmonie zwischen uns sein. An jede Himmelsrichtung wollen wir unsere Liebe verschenken.«

Es war eine gespannte Aufmerksamkeit im Garten, und ich spürte die Naturgeister um uns herum, aufmerksam abwartend und distanziert, was den Menschen nun wieder einfalle.

Ich versuchte eine Meditation der Liebe.

»Wir entspannen uns, lassen alles los, was uns als Gedanken im Kopf herumschwirrt. Wir konzentrieren uns auf die Gedankenform – ich bin Ruhe – ich bin Frieden...

Unsere Füße setzen wir fest auf unsere geliebte Mutter Erde.

Segnen sie und danken ihr, daß wir uns auf ihrem Körper entwickeln und leben dürfen.

Wir stellen uns vor, daß aus unseren Fußsohlen mit dem Atem, den wir nach unten senden, unsere Dankbarkeit als Lichtwurzeln in die Erde strömen.

Wir verwurzeln uns so fest wie ein Baum, denn nur, wenn wir geerdet sind, können wir uns erheben.

Ich bitte alle Schutzengel, breitet eure Lichtfülle über euren Schützlingen aus und laßt nur die Energie zu, die dem einzelnen von Nutzen ist.

Ich hülle den ganzen Garten in eine blaue Lichtpyramide ein.«

Es war still, selbst die Vögel, die vorher aufgeregt und laut zwitscherten, wurden ruhig.

»Wir gehen jetzt mit unserer Wahrnehmung, unserer ganzen Aufmerksamkeit in unser Herz, und stellen uns vor, wie das ist, wenn wir lieben.
Wie fühlt sich das an: Liebe – das Wort Liebe?
Wen haben wir wahrhaftig geliebt?
Ein Kind – einen Mann – eine Frau – ein Ding?«
Ich spürte, wie jeder einzelne dieses Gefühl suchte, in sich herstellte, und wir dieses Licht in unserem Herzen, das meistens verkümmert ist, fanden.
»Jetzt atmen wir auf dieses Gefühl, auf diese kleine Flamme.
Wir atmen das Licht, das sich immer im Universum befindet, ein.
Dieses Licht lassen wir nun auf unser Pflänzchen der Liebe einfließen und spüren, wie es wächst.
Wir atmen Liebe, Geduld, Weisheit und Loslassen ein.
Wir wollen einfach lieben.
Wir versuchen, diesen Strom auf unserem Nachbarn zur Linken zu senden – bedingungslose Liebe.
Wir spüren, daß wir eine neue Art von Liebe empfangen dürfen. Wir dehnen diese Liebe mit der großen Bitte um Verzeihung für alles, was wir der Natur, den Bäumen, der Erde, dem Wasser, der Luft und ihren Wesenheiten angetan haben, aus.
Fühlt eure über alles sich ausbreitende Liebeskraft, verstärkt dieses Gefühl, die höchste Kraft im Universum, mit eurem Atem.
Atmet sie durch alle Poren aus.

Eine Säule aus rosagoldenem Licht entsteht aus unserem Kreis heraus, strömt nach unten in die Erde und erhebt sich nach oben.

Wir atmen immer kraftvoller und sehen, daß dieses Licht sich ausdehnt. Wir sind an ein Energienetz angeschlossen und vereint mit allem.«

Viele weinten, weil die Kraft ihrer tief empfundenen Liebe sie überschwemmte, und ich war sicher, daß einige zum ersten Mal spürten, wie Liebe, eine nichtswollende Liebe, sich anfühlt.

Langsam holte ich alle wieder zurück, und wir zogen die Lichtwurzeln aus der Erde, alle waren glücklich gerührt, sie wollten nur noch draußen meditieren, weil es einfach stärker, großartiger, wirkungsvoller war.

Der Garten der Aphrodite hatte seine erste Prüfung glanzvoll bestanden. Die Freunde staunten, was Heidi und dem Reschenpaß in der kurzen Zeit alles gelungen war.

Viel später saß ich an meinem Schreibtisch im Schlafzimmer und schaute auf den Wald. Ganz viele erstaunte Baumgesichter blickten mich an. Meine Sicht war etwas erweitert, und ich dankte, daß unsere Liebe angekommen war. So war die Frage von Helmut Dietl eine berechtigte Frage: »Was machst du eigentlich, Ruth, meditieren?«

Nicht nur, Helmut...

Hinterher räumten wir zu dritt auf. Stühle zusammenklappen, nach oben tragen, im Keller ordentlich stapeln, weil wir nicht viel Platz haben. Das Atelier säubern und wieder in ein Atelier verwandeln.

Früh um elf fingen wir an und waren abends um sieben fertig. Aber es machte Spaß, und ich war sicher, daß wir etwas bewegen und vor allem etwas tun – uneigennützig.

Denn wenn ein Mensch in Frieden lebt, wirkt er auf das Ganze.

Wir alle sind zwar verschiedenartige Persönlichkeiten, haben einen unterschiedlichen Charakter, sind aber durch die Quelle unseres Seins miteinander verbunden. Das kann man Gott nennen, göttliches Prinzip, Intelligenz, Urlicht, Schöpfer oder Schöpferin.

Wir sind als Menschheit in diesem physischen Körper gewachsen, in jeder Generation verfeinerter, entwickelter, so daß uns das Denken der Kinder oft überrascht, doch sind das wieder wir, die wir aus unseren Erfahrungen gelernt haben und versuchen, die alten Fehler nicht mehr zu machen.

Eigentlich ist das Wichtigste auf der Erde, Erfahrungen zu sammeln. Es gibt keine Fehler.

Probleme, die nicht lösbar sind, sind Erfahrungen, die unsere Seele machen will, damit sie wieder mit all dem Wissen der Einheit in Liebe zustrebt.

Da kann man nur hoffen, daß wir als Menschheit nicht die Erfahrung des Unterganges machen wollen, das wäre für alles Leben auf der Erde tragisch.

VII

*Im siebten Kapitel begebe ich
mich auf vergebliche
Knödelsuche und erlebe meinen
Garten als Heimat*

Ich machte in diesem Jahr, meinem Jahr, die ganz persönliche Erfahrung des Zuhauseseins, keine Koffer packen, jedenfalls nur selten, im eigenen Bett schlafen, Zeit für mich, denken – träumen und arbeiten.

Wenn mir vor drei Jahren jemand gesagt hätte, daß meine ganze Energie, auch mein verdientes Geld, in einen Garten münden würde, hätte ich gelacht und ihn für verrückt erklärt.

Nun war ich so verrückt und stand mit steifen Füßen auf dem Nordbalkon und vergoldete die Eisensonne vom Schmied.

Ich hatte noch nie mit Blattgold gearbeitet und zahlte Lehrgeld.

Das dünne Gold war überall, nur nicht auf der Sonne. Mit List und Tücke und einem kolossalem Zeitaufwand gelang es mir dann doch, die Sonne zu vergolden.

Sie war wunderschön. Konnte im Garten der Aphrodite strahlen.

Es fehlte nur der Zaponlack, den Heidi bringen sollte, damit das Gold Wind und Wetter aushalte. Sie brachte einen Lack, ich pinselte die Sonne damit ein, und das ganze Gold löste sich wieder ab.

Verstört las ich die Anleitung des Lackes, man durfte ihn für alles, nur nicht für Eisen nehmen. Heidi wunderte sich sehr über meine Ruhe, als ich sie anrief und noch einmal ausdrücklich Zaponlack verlangte.

Ich vergoldete alles aufs neue bis tief in die Nacht, und mit Zaponlack hielt es. Die Sonne konnte am nächsten Tag auf das Tor geschraubt werden. Wir pflanzten Rosen, die sich hochranken sollten, und schritten nun stolz – aber fast lahm – durch unser nach Osten gerichtetes Sonnentor auf den Reschenpaß.

Nun mußte ich noch den Mond vergolden.

Ich war schon mutiger, versilberte erst alles, dann legte ich das Gold darüber und rieb das Silber leicht durch, raffiniert.

Meine Beine waren steif und geschwollen, und mein Rücken tat so weh, daß ich dachte, ich könne nie wieder laufen. Aber was soll's, ich hatte eine Erfahrung gemacht und vergoldete gleich den Steinengel auf dem Balkon noch mit, weil er etwas traurig aussah. Nun glänzte auch er aus purem Gold in der Sonne.

Am vierundzwanzigsten Juli schraubten wir den Mond auf das Tor, und Heidi und ich fuhren gleich anschließend, unseren Garten hinter uns lassend, zu einem Seminar nach Völlan in Südtirol.

Müsselchen hatten wir an eine Freundin verloren, mit der sie in Kanada in einem Wohnmobil herumgurkte, sonst wäre sie mit von der Partie gewesen.

Arnold Keyserling leitete dieses Seminar, zu dem uns Doktor Ausserer überredet hatte.

Es ging um die Zahl und das Rad, und Doktor Ausserer hatte uns versprochen, daß Keyserling ein Experte im Handlesen sei, und natürlich waren wir beide ganz scharf darauf, ihm unsere Hände hinzuhalten, um eventuelle Geheimnisse, die uns entgangen waren, zu erfahren.

Zunächst einmal genossen wir die Fahrt, das Nichtstun, aus dem Auto schauen, und ich machte Heidi den Mund wäßrig auf jegliche Art von Knödeln mit Krautsalat. Vor dem Arlberg stiegen wir aus dem Auto, schüttelten unsere Knochen wieder in Form und gingen wie müde Krieger nach der Schlacht, uns an den Schultern festhaltend, auf Knödelsuche. Diese war jedoch vergeblich, weil die Post diesmal leider wegen Umbau geschlossen hatte. So gingen wir ins nächste, etwas kleinere, aber dafür offene Lokal.

Mit großer Freude wurden wir begrüßt, wahrscheinlich seit langem als einzige Gäste, doch war die Freude einseitig: unser Knödeltraum entschwand und wurde zu einer Suppe. Wir trösteten uns damit, daß wir auf der langen Fahrt vielleicht noch einem Knödel begegnen würden.

Am Reschenpaß fiel mir das Café in Mals ein, das Heidi noch nicht kannte, weil ich die letzten Male mit Müsselchen dort gewesen war.

»Weißt du, Heidi, da gibt es wunderbaren Kuchen mit viel Sahne.«

Wir stellten unsere Geschmacksnerven auf Kuchen, Kaffee und Schlagsahne um.

Die beiden Schwestern, die das Café führten und etwas Klösterlich-Zurückhaltendes ausstrahlten, freuten sich über mein Kommen auf ihre Art nach innen.

Leider war an diesem Tag der Strom in der ganzen Gegend ausgefallen, und es gab keinen Kaffee, aber Kuchen könnten wir selbstverständlich haben.

Heidi bestellte dann ein Bier zum Kuchen, disponierte bei dem indignierten Ausdruck der Schwestern jedoch blitzschnell auf Brause um. Wir saßen auf der Terrasse, aßen Kuchen mit Limonade, und die Schönheit der Aussicht auf den Vinschgau und die Wärme der Sonne verstärkten unsere Erwartungshaltung auf das Kommende.

Heidi meinte unterwegs seufzend: »Das beste wäre, ich wäre mit einem Zahnarzt verheiratet, mit zwei Katzen und einem Hund.«

Heidi hatte eine langwierige Zahnbehandlung mit immer neuen Anpassungsschwierigkeiten einer Brücke hinter sich.

Heute morgen vor unserer Abfahrt hatte Heidi ihren Plastikzahnersatz vermißt.

»Ja, wo hast du ihn denn hingelegt?«

»Ich hab ihn in eine Serviette eingewickelt und in deiner Duftlampe plaziert.«

»Ja, bist du wahnsinnig, ich habe die Serviette gesehen und empört weggeschmissen, welcher Idiot legt eine Serviette in meine Duftlampe.«

Heidi meinte entnervt: »Ohne die Zähne fahre ich nicht.«

Also los! Wir untersuchten den Müll im Abfalleimer, aber nichts war zu finden. Heidi rannte zum großen Container in der Hofeinfahrt, hing kopfüber in demselben und wühlte verzweifelt. Vergebens.

Ich hatte die glorreiche Idee, daß die sparsame Annemarie meinen halbvollen Müllsack in Beschlag genommen hatte, um ihren Restmüll damit zu füllen.

Wir stürmten nun in Annemaries Wohnung, stürzten förmlich in ihren Müllsack und fanden die kostbaren Zähne.

Der Morgen und die Fahrt waren gerettet.

»Ich kann dir wirklich nur zustimmen, Heidi, ein Zahnarzt in der Familie, ein guter, wäre das beste, was uns passieren könnte. Dann müßte ich nicht mehr extra zum Zahnarzt nach Hamburg. Ein schwachsinniger Aufwand!«

Heidis Überlegungen gingen aber noch weiter. Die Möglichkeit, einen Automechaniker mit großer Werkstatt zu ehelichen, wäre auch nicht von der Hand zu weisen, weil ihr Verschleiß an Autos in die Nähe des Verschleißes ihrer Zähne rückte. Heute muß man ja wirklich zweckmäßig denken. Und was nun, wenn uns Keyserling aus der Hand liest, daß gar kein Mann für uns bereitsteht? Bliebe es bei zwei Katzen und einem Hund? So träumten wir bis zur Bierbrauerei Forst, deren Fassade sehr stark ins Auge fiel und uns zwang, hier auf Knödelsuche zu gehen.

Die Halle war groß, Bier in Hülle und Fülle, doch weit und breit kein Knödel, weil die Küche noch geschlossen war. Diesmal kam uns jedoch meine Popularität zu Hilfe: Sesam öffne dich, wir bekamen Knödel mit Kraut und Heidi ihr Bier.

So um halb sieben Uhr erreichten wir Völlan, den Völlaner Hof, ein sehr hübsches Hotel, das wir noch nicht kannten. Vom Parkplatz aus sahen wir, daß wir an der Fensterfront, der Veranda, wo die Gäste festlich gekleidet beim Essen saßen, vorbeimußten. Da mich ja jeder kennt, versuchten wir, so elegant wie möglich unsere Gartengebrechen zu vertuschen, und gingen langsam, leichtfüßig hinkend, im Gespräch vertieft und immer wieder Pausen einlegend, so als ob wir uns bei einem Thema festgebissen hätten, zum Hoteleingang und an diesem Abend nichts wie ins Bett.

Doch die Buschtrommeln waren schneller als unser Wunsch. Doktor Ausserer erschien auf der Bildfläche. Wir weigerten uns standhaft, noch etwas zu essen, und es blieb bei einem Glas Wein und der Verabredung, daß er uns am Vormittag durch Bozen führen sollte.

Die Sonne Südtirols leuchtete am Morgen in unsere Zimmer, und vom Fenster aus bewunderte Heidi das riesige Schwimmbad aus Natursteinen. Auch ich hatte noch nie etwas Derartiges gesehen. Ringsherum waren mächtige Steine durchschnitten und umarmten so die Fläche des Wassers. Dahinter die vielen Reihen der Obstbäume und Weinberge, alles glitzerte in verschiedenem satten Grün, und ein eigenartiger Fels begrenzte den Blick.

Wirklich ein gesegnetes Land.

Wir genossen das Frühstück auf der Terrasse, und Doktor Ausserer holte uns pünktlich um halb zehn Uhr für den Ausflug nach Bozen ab. Er fuhr vor uns her und zeigte uns, wo das Seminar stattfand, nämlich in einer Haushaltsschule, die im Sommer geschlossen war und ganz allein mitten im Grünen stand.

In Bozen Schuhe kaufen – da war Heidi in ihrem Element.

Doktor Ausserer und ich gingen in ein Café und unterhielten uns, und Heidi kam immer niedergeschlagener zurück. Am Ende hatte sie mit Mühe ein Paar Schuhe gefunden.

»Wozu brauchst du denn soviel Schuhe, du hast doch reichlich davon?«

»Ja, Ruth, was glaubst denn du, ich bin den ganzen Tag auf den Beinen, und da muß ich die Schuhe wechseln, und dann schaue ich doch immer auf meine Füße, wenn ich mich bücke und für die Kunden die Jeans aus den großen Stapeln herausziehe.«

Heidi arbeitet als Geschäftsführerin in Konstanz in einem Jeansgeschäft, eine ihrer Baustellen.

Doktor Ausserer verließ uns, und wir schlenderten über den üppig duftenden Markt in der Altstadt von Bozen. Das Angebot von Obst und Gemüse war überwältigend. Die Natur macht uns wundervolle Geschenke. Pan scheint uns trotz unserer Zerstörungswut noch immer wohlgesonnen.

Dann gingen wir auf die Suche nach Terrakottavasen, zwischen Bozen und Meran wurde uns ein Geschäft empfohlen. Doch was wir fanden, war Kitsch.

Als wir schon wieder gehen wollten, sahen wir hinter all dem weißen Marmorstaubzeug etwas Terrakottanes leuchten: eine Statue, Diana mit dem Köcher und dem Halbmond auf dem Kopf. Der Elohim des siebten violetten Strahls, na, wenn das nichts ist! Sie war nicht teuer, und glücklich wickelten wir die Göttin gut ein.

Sie paßte gerade auf den Hintersitz, da konnte sie bequem schlafen, bis wir sie nach Hause in unseren Garten bringen würden.

Wir hatten einen Nachmittag frei vor dem Seminar. Heidi legte sich in die Sonne und ich mich mit einem Buch von Arnold Keyserling ins Bett. »Das Divinatorische Meisterspiel«.

Von den Chaldäern des dritten vorchristlichen Jahrtausends und den Pythagoräern stammt die Theorie, daß die Zahlen der Urgrund der Welt und der Schöpfungsprinzipien sind, und Keyserling hat die Zahlen, die ja auch mit der Musik und der Mathematik zusammenhängen, mit den Himmelsrichtungen und den zwölf Planeten in einem umfassenden Werk für uns wieder verfügbar gemacht. Das Ganze mündet bei ihm in ein Kartenspiel, bei dem man wie im Tarot Fragen stellen kann und klare Antworten bekommt.

Ich war sehr gespannt, ihn kennenzulernen.

Am nächsten Morgen stand er da, ein Hüne von Mann mit dem Kopf eines Titanen, aber er war wie hinter einem Schleier. Ein Hirnschlag, den er erst kürzlich überstanden hatte, legte die Last des Seminars auf die Schultern seiner zarten Frau.

Und dann übernahm Wilhelmine Keyserling, eine Astrologin und Jogalehrerin der ersten Stunde, die Leitung.

Ich war gespannt, wie Heidi, die noch nie an einem Seminar teilgenommen hatte, sich verhalten würde. In unseren Meditationen schlief sie gerne ein, weil meine Stimme so beruhigend auf sie wirkt. Hier saß sie jedoch neben mir in der Schulbank – wir saßen wirklich in einer Schulbank –, hatte hellwache Augen und hörte interessiert zu.

In der Pause unterhielt sie sich sofort mit den Teilnehmern, duzte alle, was sie übrigens mit allen Menschen tut. »Er muß schon sehr blöd sein, wenn ich Sie zu ihm sage« ist ihr Standardsatz.

Am Abend saßen wir in einem schönen Tiroler Landgasthof im Garten und hofften, daß Herr Keyserling uns nun endlich in unsere Hände schauen würde. Nach einem Glas Wein wurde er relativ munter, las in meiner Hand und sagte, eine Bank sollte ich nicht unbedingt gründen, vom Geld verstünde ich so gut wie nichts.

Ich wäre auf meinem Weg nach Innen, er sehe keine Karriere mehr im Außen.

Ich diente jetzt dem Ganzen.

Ich hätte die Kraft, Geister zu rufen und abzurichten.

»Engel zu rufen«, widersprach ich.

»Na ja, Engel«, sagte er lachend, »auf alle Fälle sehe ich viel geistige Kraft und ein langes Leben.«

Mindestens vierundneunzig Jahre, und ich müßte mir sehr viel Mühe geben, wenn ich vorher gehen wollte.

Am letzten Tag des Seminars bauten die Männer einen Steinkreis. Sie bildeten so einen heiligen Raum, in dem man Anrufungen zur Heilung der Erde machen konnte. Frau Keyserling schlug die Trommel, und jeder suchte sich die Himmelsrichtung aus, in der er stehen wollte.

Es war eine große Kraft, die da kam, wir umgingen diesen Kraftplatz dreimal, und ein Stückchen Erde wurde dadurch bestimmt geheilt.

Nicht jedoch unser Auto. Es wollte anscheinend noch einen Tag in Südtirol bleiben, denn es spuckte so vor sich hin. Wir hatten Angst, daß wir irgendwo steckenbleiben könnten. Und so war uns der Wunsch des Autos Befehl. Es kam in die Reparatur, und wir hatten noch einen freien Tag in diesem schönen Hotel.

Wir widmeten den Tag unserem Heilwerden.

Ich wollte ein Heubad nehmen, Heidi warnte mich.

»Du, das pikst bestimmt furchtbar.«

»Ach, Quatsch, du bist in manchen Dingen wirklich wehleidig.«

Ich ging also in das duftende Heu, es stach wirklich sehr, aber ich konnte es wegdrücken. Ich fühlte, wie mein Bein die warmen Dämpfe genoß.

Überhaupt war die Wärme angenehm. Danach eine Massage, und ich konnte schon besser gehen. Auf meinen Rat hin nahm Heidi auch eines und schimpfte danach: »Du, das rätst du mir nicht mehr, das pikst ja gemein.«

Um sie zu ärgern, nahm ich noch eines, und mir tat es gut.

Derart gestärkt an Körper und Geist, machten wir uns auf den Rückweg.

Unser Auto war wieder ganz, ein Marder hatte sich an den Leitungen delektiert, und wir fuhren frohen Mutes mit Diana auf dem Rücksitz in Richtung Reschenpaß.

Heidi wunderte sich, daß sie nur Apfelbäume sah.

»Ja, essen die denn keine Birnen?«

Wir ließen noch einmal die Tage vorbeistreichen. Heidi amüsierte sich besonders über mein Entsetzen, daß ich vierundneunzig Jahre alt werden sollte. »Wovon soll ich denn dann leben? Also vierundachtzig geht ja noch, Heidi, aber vierundneunzig! Nein, da rage ich ja noch weit ins einundzwanzigste Jahrhundert!« Aber es hat überhaupt keinen Sinn, sich Sorgen über die eigene Zukunft zu machen, sondern wir müssen an die Sinnfindung und Aufgabe unseres Lebens denken.

Heidi liebte es, Geschichten zu hören. Und so erzählte ich ihr vom Zauberer Merlin, der König Arthur erzogen hatte und mit der weisheitsvollen Priesterin Morgana de La Fay verbunden war, die auf der Insel Avalon mit ihren neun Jungfrauen eine Art Einweihungsschule hatte. Bei den Kelten wurden Frauen von Frauen erzogen, Männer von Männern.

Die Druidischen Priester waren der Meinung, daß die Schwingung der Geschlechter zu verschieden sei. Die Aufnahmefähigkeit werde dadurch beeinträchtigt. Die Männer seien der Sonne zugehörig, die Frauen dem Mond.

»Das ist ja hochinteressant«, meinte Heidi und fragte mir Löcher in den Bauch.

»Und konnte Merlin zaubern?«

»Weißt du, Heidi, ein Mensch, der das Göttliche lebt, die irdischen Begrenzungen nicht akzeptiert, ein Allem-Verbundener, ein All-Mensch, der im All wie auf der Erde lebt, dem ist alles möglich, und wenn du mit Gott eins bist, gehorchen dir die Elemente, und das sieht dann aus wie Zauberei.«

Merlin war ein solcher auf allen Ebenen Lebender,

in der Anderswelt, in der Lichtwelt und hier in der physischen Welt.

Heidi war sehr beeindruckt. Wir könnten doch auch mal zaubern bei uns im Garten, da ich Merlin kenne, wäre das doch einfach.

»Heidi, du Dumme, Kasimir de Bell«, wie ich sie manchmal nenne, »du hast mal wieder gar nichts verstanden. Es geht nicht ums Zaubern, es geht ums Erkennen und Handeln, ums Dienen, was letztendlich allen nützen soll. Vielleicht kommt dir irgendwann etwas wie Zauberei vor, aber eigentlich ist alles Zauberei.«

»So gesehen hast du auch wieder recht«, Heidi gab sich damit zufrieden.

In Mals gingen wir wieder zu den Schwestern ins Café, und diesmal gab es Strom, und wir aßen mit großem Appetit Apfel- und Milchrahmstrudel mit viel Kaffee und Schlagsahne.

Dann suchten wir eine Fleischerei.

Ich hatte bald Geburtstag, und keiner der alten Freunde aus München hatte sich angesagt. Sie wollten mich überraschen. Und jeder einzelne rief an und sagte: »Richte dich darauf ein, daß wir kommen, aber du weißt von nichts!« Und sie wollten nicht nur Käse.

Wir kauften einen geräucherten Schinken und abgehangene Wurst, und das Schönste war, Heidi wurde es im Fleischerladen schlecht von dem Geruch.

»Da siehste mal, ihr Fleischesser, wie das riecht, alles Leichengeruch, mit Gewürz überstreut.«

»Du, du«, wenn Heidi nicht mehr weiter weiß, sagt sie immer du, du, »vermiese mir nicht das Fleischessen.«

Ich, scheinheilig: »Nichts ist mir ferner als das, du hörst eines Tages von selbst auf, die Tiere werden dich das lehren.«

Auf dem Arlberg dachten wir nur noch an den Garten und an unser Mondtor, das wir im letzten Moment unserer Abfahrt gesetzt hatten.

Wir waren gespannt, wie alles auf uns wirken würde.

Heimkommen war, seit ich den Garten hatte, Wirklichkeit geworden. Es war Nacht und viele Sterne am Himmel, aber kein Mond, nur unser Mond leuchtete im Sternenlicht.

Man sah die Plejaden, den Sirius, Orion, den Stier, den großen Bären, die Cassiopeia, Kastor und Pollux, und der Löwe war jetzt voll am Nachthimmel. Unten im Garten war es dunkel und der Sternenhimmel in seiner ganzen Schönheit zu sehen. Überall am Himmel waren Lichter aufgehängt, Materie, die leuchtet, also Licht ist. Manchmal wundert man sich schon, daß wir Menschen das Naheliegendste nicht begreifen.

VIII

*Im achten Kapitel mache ich
einen Ausflug in die
Anderswelt und erhalte von dort
meine Geburtstagsbotschaft*

Vier Tage vor meinem Geburtstag. Ich sitze im Garten. Ich bin immer acht Tage vor und acht Tage nach meinem Geburtstag blödsinnig glücklich.

Ich spüre, daß alle meine kosmischen Freunde ans Tor dieses neuen Lebensjahres kommen und ihre geistigen Geschenke darbringen. In der Geburtstagsnacht oder in der Geburtsstunde sollten wir mit unserem geistigen Führer besprechen, welches Ziel wir in diesem Jahr besonders anpeilen.

Ich wollte aus der Rolle der Urteilenden in die Rolle der Liebenden wachsen.

Es schien die Sonne, hinten am Hang sprudelte das Wasser nach dem vielen Regen – ob da doch eine Quelle war?

Es wäre schön, wenn ein Quellgeist hier Wohnung nehmen würde und das Wasser segnete.

Rosengeister rufe ich und Margeritenelfen und Sommerblumenelfen, damit der Garten, der jetzt schon Liebe atmet, ein Zuhause wird für die Naturwesen, die Waldfrau, die Pflaumenfrau, die Apfelfrau und viele, viele Steingeister.

Alle heiße ich willkommen in meinem, in unserem Reich.

Und Aphrodite, der große Engel, möge seine Liebesschwingen im Geist der Venus ausbreiten. Er schmückt den Garten mit seiner Ausstrahlung.

Der Sechsstern in der Terrasse trägt die Schwingung der Mutter Erde. Die Vögel singen ihr Lied, und alles atmet Harmonie.

Die Traurigkeit des einstigen Pflaumengartens gehört der Vergangenheit an. Und nun lade ich Pan in unser Reich.

Geliebter Gott Pan, der du die Natur schützt und beseelst, bitte komm und segne den Garten und den Wald. Es erhob sich der Windhauch, der mich durchwehte, und ich spürte seine Präsenz. Und in diesem Glücksgefühl las ich ihm die Geschichte vor, die ich vor vier Jahren geschrieben hatte. Sie spielt in Atlantis.

»Eli Sen, Eli Sen, ja hörst du denn nicht, sitzt du auf deinen Ohren, oder was ist los?

Eli Sen, mein Gott, wo steckst du denn?«

Aufgeregt lief Pitty, die Arme über den Kopf zusammenschlagend, in den Palast seiner Herrin. Seine Beine waren relativ kurz, so daß seine kleinen Schrittchen ihn noch aufgeregter erscheinen ließen.

»Eli Sen, wo bist du denn?«

Gott, mein Gott, alles bleibt an mir hängen. Jetzt haben wir so hohen Besuch, und das Weib ist nicht da...

»Hier bin ich, du frecher Kerl.« Lachend kam Eli Sen ihm entgegen. »Was ist denn los?«

»Pan ist da, der Gott der Natur oder der Herr der Natur, der Freund der großen Mutter, ich werde geradewegs verrückt, und du bist nicht da, läßt ihn spielen. Ja hörst du ihn denn nicht, er bläst sich die Seele aus dem Leib. Alles ist schon auf den Beinen und zu ihm gelaufen, um ihn zu sehen, nur du stehst da. Sag bloß, du hast die wunderbaren Melodien nicht gehört?«

»Ich habe schon bittere Tränen geweint, so rührt mich sein Spiel.«

Eli Sen hatte natürlich die wundersame Weise vernommen. Sie war davon erwacht und träumend liegen geblieben.

»Ja, Pitty, ich habe es gehört, und ich eile nun, ihn zu begrüßen.«

Pitty schnaufte: »Willst du so gehen? Ich bekomme gleich einen Herzanfall. Ich hole dir deinen goldenen Mantel.« Und er rannte schimpfend, um ihn zu holen.

Derweil dachte sich Eli Sen an die Stelle, wo Pan umringt von allen Naturgeistern Musik machte. Als sie kam, ließ Pan langsam sein Instrument fallen und stand auf. Groß war er, mit goldockerfarbener Haut, mit wilden, braunen Locken, die aber ebenfalls golden aufleuchteten, und braunen tiefen Augen, sehr weisen, jungen, alten Augen.

Eli Sen blieb das Herz stehen, so lange lebte sie nun schon in der Anderswelt, und es waren ihr sehr viele große Naturgeister begegnet, aber was sollte sie nur machen, ihre Beine klebten fest, ihre Knie fingen an zu zittern.

Pan schaute sie ruhig an und wartete.

Da kam Pitty mit lautem Geschrei den Berg heruntergelaufen, den goldenen Mantel über dem Arm.

»Eli Sen, das kannst du doch nicht machen, du kannst mich doch nicht so blamieren, entschuldigen Sie schon«, sagte er zu Pan gewandt und hüpfte an Eli Sen hoch, um ihr den Mantel umzulegen.

Eli Sen stand immer noch wie versteinert da und half ihm nicht. So hüpfte Pitty immer wieder hoch, und der Mantel fiel immer wieder hinunter.

»Mein Gott, mein Gott, diese Blamage«, wandte Pitty sich nun hilfesuchend zu den Baumwesen, und da nahm Pan ihm den Mantel aus der Hand und mit einem »Darf ich?« legte er Eli Sen den Mantel um, und seine Hände blieben auf ihren Schultern liegen.

»Sie haben sich da ein wunderschönes Reich aufgebaut.«

Seine Stimme war ganz nah an ihrem Ohr.

Eli Sen dachte, wenn ich jetzt wie ein Mensch in Ohnmacht fallen könnte, wäre die Lage gerettet.

Über diesen Gedanken mußte sie lachen und drehte sich zu ihm, der sie immer noch festhielt, und ihre Augen versanken ineinander.

Ein Augenblick der Stille,
des Erkennens,
des Einsseins –

»Du bist es also, du bist also Eli Sen.«

»Ja, die bin ich«, und damit lehnte Eli Sen den Kopf

an seine Schulter, weil sie ihn nicht mehr anschauen konnte. Sie weinte.
So blöd wie Pitty, dachte sie.
»Nein, nicht so blöd«, sagte Pan. Er konnte ihre Gedanken lesen.
Das auch noch! Fast jammernd sah sie an ihm hoch. »Warum geschieht es, warum jetzt?«
»Weil jetzt geschieht, was geschehen muß.«
Und ohne sich weiter um die verwunderten Faune und Elfen zu kümmern, sagte er »Komm!« und ging mit ihr in den Palast.
Pitty rannte natürlich hinter den beiden her; keuchend schrie er: »Wir haben ja gar nichts vorbereitet im Haus, nicht mal das Bett ist gemacht.«
»Pitty«, das klang ziemlich streng.
Pan drehte sich um. »Du bleibst, wo du bist.«
»Na gut, wenn ihr wollt, bleib ich, wo ich bin«, und er ließ sich ins Gras fallen.
Pitty sah schon die Komplikationen auf sich zukommen. Verliebte sie sich in den Gott der Natur, konnte das nicht gutgehen.
Pan drehte sich wieder um und sagte: »Pitty, es geht gut.«
O Gott, Gedanken lesen kann er auch noch, und damit rollte sich Pitty, der Faun, den Berg hinunter und hielt Ausschau nach einem schönen jungen Baumelfen.
Acht Tage saß Pitty maulend auf der Treppe des Palastes und wartete, daß man ihn rufe.

Er wurde immer beleidigter, man ließ ihn nicht teilhaben am Glück. Er hörte die beiden lachen und reden.

Reden, was erzählen die sich denn so lange ohne mich?

Er schaute auf den gegenüberliegenden Berg, wo die Menschenfreundin von Eli Sen, Varasgena, wohnte. Die läßt sie auch allein, dachte er erbost. Er sah das violette Feuer hoch aufleuchten aus dem Tempel. Varasgena war anscheinend sehr konzentriert bei der Arbeit.

Ich gehe sie jetzt stören und erzähle die Neuigkeiten.

Er erhob sich seufzend und stapfte verzweifelt den Berg hinunter und wieder hinauf. Derweil kamen Eli Sen und Pan, um den Sonnenuntergang zu sehen, auf die große Terrasse und schauten ebenfalls auf den Tempel von Varasgena, hinter dem die Sonne in leuchtenden Farben unterging. Schweigend umschlungen sahen die beiden zu.

Eli Sen wandte sich zu Pan.

»Weißt du, ich habe alles vergessen, meine Arbeit, meine Freunde. Da drüben siehst du das violette Feuer, das ist meine Freundin Varasgena, sie hütet die Flamme. Würde es dir angenehm sein, wenn wir sie begrüßen?«

»Ja, meine Herrin, wie du befiehlst.«

»Wieso sagst du Herrin zu mir, du bist der Herr, der Gott der Natur.«

»Ja, Eli Sen«, er lächelte leise, »ich weiß. Weißt du, bei einem meiner jährlichen Besuche im unterirdischen Reich der Mutter Erde sagte sie mir, daß ich eines Tages meine Herrin kennenlernen würde. Ihr Name würde mir das Zeichen geben, das wäre dann die Frau, das wäre die Herrin, die ich brauche. Eli heißt Herr, und du bist darüber hinaus eine nicht zu übersehende schöne kluge Frau, Eli Sen.«
Er nahm sie in den Arm.
»Ich war noch nie so glücklich, meine Herrin, so einfach ist das.«
Er küßte sie zärtlich, und sie vergaßen für eine Weile Varasgena und ihren Besuch bei ihr.
Die Nacht stieg auf mit orangerotem Licht, das sich mit dem violetten Feuer aus dem Tempel vermählte und die beiden in die Wirklichkeit zurückholte.
Eli Sen fuhr Pan über sein Haar. »Weißt du, ich spüre, daß meine Freundin an mich denkt.«
»Ja, das spüre ich auch, vor allem weiß ich, daß Pitty bei ihr sitzt und alles brühwarm erzählt.«
Damit hob er Eli Sen hoch, und im Nu standen sie vor dem erstaunten Pitty und der vor Freude aufspringenden Varasgena.
»Ihr Lieben, willkommen in meinem Tempel.«
»O Pan, welche Ehre, Sie kennenzulernen.«
Verwundert sagt er: »Sie sehen mich wirklich?«
»Ja, natürlich!«
»Setzt euch, oder wollen wir in meinen Garten gehen, er wird Sie erfreuen, Pan.«

Sie klatschte in die Hände, drei Mädchen erschienen.

»Du zündest die Fackeln im Garten an, du hütest das Feuer, und du bringst Wein.«

Die Mädchen sahen den Besuch nicht und glaubten, ihre Herrin habe wieder einmal diese seltsamen Anfälle. Sie unterhielt sich mit sich und mit Leuten, die gar nicht da waren. Sie blickten sich dementsprechend an und taten, was ihnen befohlen.

»Kommt, ihr Lieben, gehen wir in meinen Garten.«

Hinter dem Tempel war terrassenförmig ein von ihr selbst entworfener und gepflegter wunderbarer Garten.

Für Varasgena die einzige Abwechslung in ihrer Einsamkeit und der Konzentration auf die Flamme.

Sie umarmte Eli Sen.

»Wie glücklich bin ich, daß ich teilhaben darf an eurer Begegnung.«

Pan sah Pitty bewußt streng an.

»Na, du Plaudertasche, willst du mit uns kommen, aber kein Kommentar, auch nicht in Gedanken. Du weißt, ich...«

Pitty fiel ein: »Ich weiß, du kannst sehen, was ich denke.«

Dankbar folgte er ihnen in den Garten.

Varasgena war fünfundvierzig Jahre alt, eine stattliche große Frau, auf eine archaische Weise schön, und wenn sie lachte, wich alle Strenge aus ihrem Gesicht, es wurde weich und kindlich, und die Grübchen in den Wangen vertieften sich. Pan sah ihre sehr reine Aura und die starke Verbindung mit ihrem Göttlichen Selbst. Schon lange war ihm keine so schöne menschliche Seele begegnet.

Sie setzten sich auf eine mit riesigen Rosenhecken umwachsene Ebene. Es duftete nach Rosen, Mimosen und Zitronenblüten, und die Fackeln zauberten Licht und Schatten über die Gesichter.

Die drei nahmen auf bequemen Liegen Platz, und Pitty setzte sich zu Füßen seiner geliebten Eli Sen. Es bedeutete ihm alles, mit dabei sein zu dürfen.

Pan holte mit einer Handbewegung seine Flöte aus der Luft und fing an zu spielen.

Alles, was diese drei sich zu sagen hatten, klang nun in weichen Melodienfolgen durch die Nacht, und Pan, der Gott der Natur, sprach durch seine Musik mit ihnen.

Tief in der Nacht, Pitty war inzwischen eingeschlafen, hörte Pan auf, und Varasgena sagte mit einem tiefen Seufzer: »Ja, was soll nur aus uns werden, was machen wir mit der Erde, und wie gehen wir Menschen miteinander um? Die Menschheit vergißt ab und zu, daß die Natur stärker ist als das von Menschen erschaffene, was sie Kultur nennen. Kultur wird auf die Natur aufgebaut, und wenn die Menschen das Göttliche der Natur verlassen, verläßt sie die Natur, so einfach ist das.«

»Sie werden es in der nächsten Zeit nicht leicht haben, Varasgena, aber ich sehe auch, daß sie alle Prüfungen bestehen. Eli Sen ist an ihrer Seite, und nun haben sie auch noch mich.«

Pan stand auf.

»Danke, Varasgena, es war eine schöne Nacht in ihrem so klug gestalteten Garten, der mein Herz erfreut. Seien sie gesegnet.«

Er blickte auf Pitty.

»Ihn lassen wir schlafen. Auf bald«, und er nahm Eli Sen in seine Arme und verschwand mit ihr.

Schweren Herzens ging Varasgena zurück in den Tempel. Das Mädchen, welches die Flamme hüten sollte, schlief fest. Nicht einmal die Musik hatte sie gehört, so verdunkelt waren schon ihre Sinne. Sie weckte sie und schickte sie schlafen.

Sie selbst setzte sich zur Flamme, um aus tiefstem Herzen und mit dem größten Verlangen die Dunkelheit zu erlösen. Varasgena atmete auf das violette Feuer, bis es hoch aufjubelnd den Tempel verließ.

Pitty erwachte beim ersten Sonnenstrahl und wußte nicht, wo er sich befand. Er schaute sich um, die Blumenelfen hatten ihn mit Blüten bestreut, und die Rosenbüsche bogen sich vor Lachen.

»Ja, Pitty, du Schlafmütze, da kommt Pan vorbei, spielt die halbe Nacht, und du schläfst ein.«

»Ja ihr, ihr habt ja auch nicht meinen Streß«, wehrte sich Pitty.

Wenn Pan sich wieder wegdenkt, habe ich den Salat mit Eli Sen, dachte er, sprach es jedoch nicht aus. Er war sich nicht mehr sicher, ob dieser Pan nicht auch von Ferne alles hörte. »Ja, ja, ihr habt's gut.« Er erhob sich, ordnete seine Kleider und ging durch den Tempel und wollte an Varasgena vorbei, die noch meditierend vor der Flamme saß.

»Pitty, nimm Eli Sen die Blumen mit«, sie drückte ihm einen riesigen Rosenstrauß in den Arm, »und grüße vor allem Pan von mir. Ist es nicht schön, Pitty, daß wir ihn kennenlernen durften?«

»Ja, ja, sehr schön«, sagte Pitty etwas zu müde.

»Du Laubfrosch, geh, nichts ist dir recht.«

Sie gab ihm einen leichten Klaps und entließ ihn. Pitty ging nun aber sehr beschwingt den Berg hinunter, tauchte die Rosen in den See, stapfte den Berg wieder hoch und kam vergnügt am Feenpalast an. Welch ein Wunder, die beiden saßen fröhlich auf der Terrasse und frühstückten.

Er übergab artig den Blumenstrauß und richtete die Grüße an Pan aus. Jetzt war er schon gewitzt, bloß nichts Negatives denken, er hört es oder sieht es, na ja, auf jeden Fall weiß er es.

Pan sah ihn an: »Na, du schlaues Kerlchen, du lernst schnell. Im Ernst, Pitty, kontrolliere deine Gedanken, und überlege dir deine Worte. Worte können Pfeile sein und krank machen. Worte können aber auch heilen, und ebenso ist es mit den Gedanken. Seien wir Naturwesen etwas vernünftiger, und gehen wir mit dieser Kraft vorsichtiger um als die Menschen.«

Pitty schaute Pan an, sein Faunkopf mit dem krausen Haar sah jetzt sehr männlich aus. Seine Augen waren ganz feucht. Er verbeugte sich tief und sagte: »Ja, Gott Pan, jetzt habe ich dich verstanden.«

»Also, Pitty«, Pan legte ihm die Hand auf die Schulter, es war wie ein Ritterschlag, »schütze Eli Sen. Ich muß euch verlassen, aber ich komme so schnell wie möglich wieder.«

In Pittys Kopf ging's natürlich gleich wieder los.

Habe ich mir ja gedacht, war ein kurzes Glück.

»Nein«, antwortete Pan jetzt ernsthaft. »Ich habe Eli Sen gefragt, ob sie mit mir kommt als meine Gefährtin in Ewigkeit, aber sie will nicht. Sie hat andere Pläne, und ich respektiere diese.«

Er nahm Eli Sen in die Arme, »sei gesegnet und beschützt, mein Leben«, und verschwand.

Eli Sen erhob sich behutsam. Sie sah sehr traurig aus und ging mit blicklosen Augen langsam in ihr Schlafzimmer.

Genau, genau so habe ich mir's vorgestellt. Acht schöne Nächte und Tage und nun Katzenjammer.

»Pitty«, hörte er mahnend die Stimme Pans.

Pitty schaute erschrocken hoch, doch kein Pan weit und breit.

»Na ja, man nennt ihn Gott, mich verwirrt das.«

»Ja, man nennt mich so, Pitty, weil ich gewisse Dinge meistere und weil ich Gottes Sohn bin, also kannst du auch sagen: Pan, der dienende Sohn Gottes.«

Damit gab sich Pitty zunächst einmal zufrieden und setzte sich an den gedeckten Tisch und frühstückte ausgiebig.

Beim Essen kam ihm der Gedanke, wie gut es ihm eigentlich ging, daß er jetzt hier im Tempel der Natur sein durfte, bei der schönsten Feenkönigin und nun auch noch Vertrauter von Pan. Vorsichtig schaute er hoch, doch es passierte nichts.

Eigentlich wäre er damals mit seinem Baum verbrannt, wenn Eli Sen ihn nicht gerettet hätte. Sie hatte sein verzweifeltes Schreien gehört, ihn aus dem brennenden Baum geholt, seine Wunden geheilt, und Pitty durfte bei Eli Sen bleiben. Ein außergewöhnliches Schicksal für einen Faun.

Am nächsten Morgen kümmerte sich Eli Sen um ihr Reich. Sie redete mit jedem Baum, sie sprach mit dem See und seinem Wesen, mit dem Geist der Berge, die ihr Reich umgaben, und alles freute sich, sie so schön und gesegnet zu sehen. Mittags kam sie wieder heim. Pitty stand demonstrativ auf der Terrasse mit einem Lilienstrauß in der Hand.

»Von Pan«, sagte er trocken, mit einem Blick nach oben, »kein Kommentar von mir, Eli Sen.«

Sie nahm den Strauß und ging langsam in ihr Schlafzimmer. Die Lilien duften bis zum Himmel, dachte sie und verbarg ihren Kopf in den Blumen und weinte.

Warum wollte sie unbedingt ein menschliches Wesen werden? Warum mußte ihre Seele alle Erfahrungen des Seins erleben, bis sie vollendet vielleicht wieder aufsteigen durfte ins Licht?

Und warum traf sie jetzt die Liebe mit dieser

Wucht? Die einzige Liebe ihres Lebens, das wußte sie. Dennoch wollte sie nicht von ihrem Weg abweichen.

Hunderte Male hat sie mit Varasgena über den Weg der Inkarnationen gesprochen, über die Möglichkeit, von einem Naturwesen in eine menschliche Entwicklung zu gelangen.

Varasgena war für Eli Sen das erstrebenswerte Ideal, und jetzt wußte sie durch die Gespräche mit Pan, daß es möglich sei, wie Varasgena zu werden, wenn sie bereit wäre, durch den Tod zu gehen, um dann als menschliches Wesen, aber auf einer niederen Stufe wiedergeboren zu werden und über Jahrtausende ihre Entwicklung als Mensch zu vollenden.

Er, Pan, würde auf sie warten und sie immer wieder fragen, ob sie bereit sei, mit ihm im Naturreich, das er für vollkommener hielt als das Menschenreich, zu herrschen.

Sie hatte die Wahl.

O Varasgena, hilf, mit diesem Gedanken katapultierte sie sich zu ihrer Freundin, die Lilien hatte sie immer noch im Arm.

»Du siehst nicht sehr glücklich aus, komm, setze dich zu mir. Warte einen Moment, ich hole Wasser für deine Blumen.«

Nachdem Varasgena die Blumen geordnet hatte, nahm sie neben ihrer Freundin Platz und wartete, bis diese reden wollte.

Das violette Feuer loderte auf und beruhigte Eli Sen.

Varasgena atmete tief, und mit jedem Ausatmen

wallte das Licht auf, und tanzend bewegte sich die Flamme aus dem Tempel.

Varasgena war die einzige Priesterin in Atlantis, die noch die Flammen der Umwandlung in die Dunkelheit aussandte, die sich über Atlantis ausbreitete. Beide wußten, daß es nur noch eine Frage der Zeit war, bis Varasgena fliehen mußte, oder?

Sie dachten dieses nie zu Ende... Was würde geschehen?

Varasgena legte ihre Hand auf die von Eli Sen.

»Ich weiß, wie dir zumute ist, mach es dir nicht zu schwer. Schau, warum bleibst du nicht in deinem wunderbaren Reich der Natur. Alles ist voll dienender Liebe, voller Lachen und Schönheit. Schau dir das Menschenreich an, was haben sie aus diesem blühenden Land gemacht? Ja, Macht wollen sie ausüben über alles und jeden. O Eli Sen, ich, die ich eigentlich keine Angst mehr um mich habe, habe Angst um die Menschen und Angst für dieses Land.«

»Ja, aber solche Menschen wie dich muß es doch mehr geben, und ich will so werden wie du.«

»O Eli Sen«, lachte jetzt Varasgena. »Wir wollen immer das sein, was wir nicht sind, und das haben, was wir im Moment nicht bekommen. Ich wünschte mich in dein Reich, und wenn Pan mich gefragt hätte, ich wäre ihm mit fliegenden Fahnen gefolgt.« Sie schaute Eli Sen an. »O Gott, wir Frauen sind komplizierte Wesen, und wenn es nicht kompliziert ist, dann machen wir es so.«

Wieder atmete sie auf das violette Feuer.

»Hilf mir, Eli Sen, konzentriere dich, und wir senden das violette Licht aus, um möglichst viele negative Gedankenformen aufzulösen, solange wir das noch können.«

Und so saßen die beiden Frauen bis tief in die Nacht und sandten das Licht aus.

Mitten in der Nacht kam Pitty schreiend in den Tempel gestürzt.

»Varasgena, wo ist Eli Sen, jetzt bin ich Pan gegenüber auch noch verantwortlich, daß ihr nichts geschieht. Oh, da bist du ja«, glücklich lief er zu Eli Sen. »Ich habe mir solche Sorgen um dich gemacht, plötzlich bist du samt Blumenstrauß verschwunden.« Pitty sprach nicht weiter. Er setzte sich erstaunlicherweise ruhig nieder, schaute in das Feuer und schlief ein.

Der Morgen stieg auf über Atlantis in glühenden Farben, im zartblauen Himmel, von künstlerischer Hand gewirkt, und die rötlichen warmen Steine des Landes warfen das Licht zurück. Unnachahmliches, morgendliches Erwachen der Natur, des Lebens.

Die beiden Frauen standen bewundernd auf der Terrasse im Garten von Varasgena und grüßten den erwachenden Tag.

»Möge es ein gesegneter Tag werden. Möge das Licht des Himmels, das sich so siegreich emporschwingt, die Dunkelheit im Menschenreich erlösen.

Die Maßlosigkeit, mit der die Wissenschaftler von Atlantis ihre Schöpferkraft benutzen, um damit

Wesen hervorzubringen, halb Mensch halb Tier, unglücklich zusammengesetzte Zellen.

O Gott, der du in uns und in allem bist, was lebt, setze diesem Hochmut der Atlanter ein Ende.«

»Hör auf, Geliebte«, sagt Eli Sen, »du bist so stark, du betest den Untergang dieser Welt herbei. Du kannst mit deiner Gedankenkraft violettes Licht aufbauen, also kannst du auch zerstören. Laß mir noch ein bißchen Zeit, meine Liebe zu leben, denn ich will dann, wenn alles zerstört ist, mit dir gehen.«

»O mein geliebtes Wesen, verzeih«, Varasgena schloß Eli Sen in die Arme. »Du zartes reines Licht, bleibe, ich bitte dich von Herzen, bleibe in deinem Reich. Du weißt nicht, welches Leid, welche Grausamkeit über deine Seele herfallen würde. Schau dir die Menschen an, nicht mich, die anderen. Eli Sen, bleibe bei Pan, und hüte mit ihm diesen Planeten.«

Varasgena setzte sich auf die Stufen und fing fassungslos zu weinen an.

»Ich halte diesen Gedankenwunsch von dir nicht aus. Eli Sen, ich sehe in dieses Menschenreich, und ich weiß, was meine Seele als Entwicklungsweg braucht, und was du brauchst, um vollendet in dein Naturreich zurückzukehren.«

Varasgena schrie auf, weil diese Welle des Blicks in die Zukunft ihr den Atem nahm und mit voller Wucht in ihre Mitte prallte. Sie verlor ihr Bewußtsein, dieses hellsichtige Bewußtsein, vor dem Grauen, was da kam und was sie sah.

Eli Sen rief: »Pitty, hilf«, und da kamen die Mädchen, die jungen Priesterinnen, angerannt, schrien wild durcheinander.

»Was ist denn geschehen?« aber keiner half.

Eli Sen netzte ihre Hände mit Morgentau, legte sie auf die Stirn der so bewußtlos Daliegenden und flüsterte: »Ich bleibe bei dir, deine Mädchen sehen mich nicht.«

Die Priesterinnen brachten die große, starke Frau mühselig in ihr Zimmer. Hier kam Varasgena wieder zu sich und schickte die Mädchen hinaus.

»Los, hütet die Flamme, mir geht es gut. Raus, bitte laßt mich allein.«

Eli Sen kniete sich neben das Bett der Freundin; auch sie hatte sie noch nie in einem solchen Zustand gesehen. Varasgena schaute sie mit fernen Augen an, so als ob sie hinter ihr noch etwas sehen würde. Nach einer Weile schloß sie ihre Augen und sagte: »Verzeih mir, ich muß jetzt allein sein, ich muß das Geschaute erschließen und die Wahrheit dahinter suchen, und dann reden wir darüber.«

Eli Sen verneigte sich leicht und verschwand.

Varasgena schloß erschöpft ihre Augen, und wieder kam dieser schwebende Zustand über sie, wieder sah sie diese Riesenwelle, so hoch aufgerichtet, daß man keinen Himmel mehr sah, nur eine hohe, dunkle, drohende Wand von Wasser. Niemand konnte sich mehr retten, alles versank innerhalb von Minuten in diesem schwarzen, alles verzehrenden, zornigen Wasser.

Aber sie war nicht davon betroffen, sie sah es von oben als Zuschauer, als ob ein Engel oder geistiger Führer ihr dieses zeigte. Sie war schon drüben, und jetzt sah sie, wie sie ermordet wurde vor dem Untergang ihres geliebten Landes.

Acht Messer wurden in ihren Rücken gestoßen mit einem Haß, der ihren Körper vor Schmerzen zerriß. Danach hatte sie jedoch wieder das Gefühl der Leichtigkeit, als ihr Lichtleib sich in der Sekunde des physischen Todes erhob, dieses ungeheure Glücksgefühl, den Tod überwunden zu haben und daheim zu sein im Licht.

Ihr geistiger Meister empfing sie, und alle irdische Schwere versank.

»Mein geliebter Meister, ich flehe dich an, laß mich nicht vorher fühlen, was geschieht, laß mir die Gefahr des Augenblicks, laß mich in Unwissenheit über die Zukunft.«

»Das willst du wirklich, Varasgena, als meine Schülerin wirst du doch die Vorschau ertragen. Natürlich sind deine Prüfungen ungleich schwerer.«

Der Meister umarmte seine Schülerin.

»Ich bin geehrt, mein Kind, dein Lehrer zu sein. Du hast als Frau in dieser schwierigen, undurchsichtigen Lage deines Landes, als einzige Priesterin das violette Feuer am Leben gehalten. Deine Seele wird dadurch nur noch in freiwillige Inkarnationen gesandt, als Lichtbringer, als Wandler, als Umwandler und Erneuerer des Erdengeschehens.«

»Und Eli Sen?« Sie sah ihren geliebten Meister fragend an. »Darf ich der Hüter ihrer Seele sein, wenn sie sich in die irdische Seelenwanderung begibt?«
»So sei es, mein Kind.«
Mit einem tiefen Atemzug kam Varasgena wieder in ihr Körperbewußtsein zurück. Von einer starken Geborgenheit durchflutet, ihrem Meister begegnet zu sein. Die Gewißheit im Herzen über das Wissen des ewig währenden Lebens gab ihr Kraft und Zuversicht, und sie schlief ein.
Eli Sen und Varasgena gingen nun durch die Jahrtausende ihrer Entwicklung durch Länder und Kulturen, die wir gar nicht kennen. Ihre Seelenerfahrungen waren völlig verschieden, da Varasgena auch auf anderen Planeten inkarnierte. Überall, wo sie hinkam, vermehrte sie das Licht des Wissens, oft mit einem Opfergang, an dem andere Seelen zugrunde gegangen wären.
Pan blieb Eli Sen in ihren Lebenswegen ein unsichtbarer liebevoller Begleiter, wie Pitty auch. Es wird der seligste Moment in Pittys Faunleben sein, wieder zu Füßen seiner geliebten Eli Sen zu sitzen und sie nur anschauen zu dürfen.
Pan liebte Eli Sen über die Jahrtausende – nur sie, und er trug den Schmerz ihres Lebenstraumes mit ihr. Er, der als Gott der Natur der Menschheit am nächsten steht, wuchs durch diese Liebe ins Unermeßliche. Er versteht uns durch diese Prüfung als Menschheit, unsere Fehler und Schwächen, aber auch

unsere Stärke, und Eli Sen, die heute auf der Erde ihre letzten Erfahrungen in ihr Seelenspektrum einbringt, kehrt vollendet nach diesem irdischen Leben in das Naturreich, in die Arme von Pan zurück.

Das Weibliche und das Männliche in der Natur wird dann in einem vollkommenen Gleichgewicht schwingen, und diese große vereinigte Liebe wird uns helfen, unser Gleichgewicht wiederzufinden, das Männliche und Weibliche auch in uns zuzulassen.

Mann oder Frau, wir werden lernen, das andere Geschlecht zu respektieren. Keiner ist besser, keiner ist niedriger – Mann und Frau. Der Mann wird nicht mehr Krieger sein wollen, sondern Liebender. Die Frau nicht mehr Dienende, sondern Liebende.

Der Windhauch des Pan berührte mich wieder.

Und meine innere Stimme sagte: »Denke weiter darüber nach.«

Abends in der Badewanne, wo ich am entspanntesten bin, weil ich im Wasser die Schwere der Erde verliere, versuchte ich, die Spur weiterzuspinnen. Da durchfuhr mich diese starke Energie, die ich immer fühle, wenn ich der Wahrheit nahe bin.

»Viele Naturwesen, große Engel sogar, haben sich in diese Zeit hineingeschwungen, um mitzuarbeiten, einer neuen Zeit zur Geburt zu verhelfen. All die Göttinnen, die dir zugefallen sind, haben große Seelenaspekte in das irdische Sein geschickt.

Sage nicht das Wort Opfer, auch sie wollen neue, unwiederbringliche Erfahrungen sammeln.«

»Ja, aber die Geburt von Pan bei den Griechen, der Sohn von Hermes und der Nymphe und das Gelächter der Götter?«

»Mich gab es und wird es immer geben, alles andere ist Menschenphantasie.«

»Ja, aber ich bin ein Mensch und habe Phantasie.«

»Ja, das ist erlaubt. Man kann Geschichte von vielen Seiten sehen und beleuchten, da würdest du auf viele Irrtümer stoßen.«

»Ich habe mich so an meine beiden Frauenfiguren gewöhnt. Eli Sen und Varasgena. Sie sind wie aufgespaltene Teile in mir, Naturwesen und Priesterin, und ich habe über ihre Inkarnationen in vielen Kulturen, über ihr Leben in diesen Zeiten nachgedacht. Habe über alle Kulturepochen Bücher gelesen und nach Ägypten geschnuppert.«

»Nichts ist verloren, bist du dümmer geworden beim Lesen?«

»Nein – nicht direkt.«

»Das Leben ist viel interessanter. Die Erde, Lady Gaia, der Planet Erde, ist etwas unglaublich Kostbares im Planetenraum in seiner physischen Schönheit, seinen Bergen und Seen, Flüssen und Wäldern. Dieser Körper der Erde ist in Jahrtausenden geprägt, genau wie euer Körper in Jahrtausenden entwickelt und verfeinert wurde, und diese wunderbaren Gebilde wollt ihr einfach kaputt machen? Die Erde und euch? Den Göttinnen, die ihr vergessen habt, ist da etwas eingefallen. Sie haben Seelenaspekte ihres Seins mühevoll entwickelt und so, wie du, Eli Sen, als Mensch inkarniertest und ihren schwierigen Entwicklungsweg aufzeigen willst, genau so haben die Göttinnen ihre Seelenaspekte mit dem Wissen um ihre Göttlichkeit in menschliche Inkarnationen geschickt, als Liebesbeweis, als Respektbezeugung gegenüber Lady Gaia, die in den letzten Jahrtausenden oft um Hilfe gebeten hat.«

»Ja, aber wenn diese Göttinnen Aspekte von sich herschicken, dann gehen sie ja durch die Geburt als Mensch, durch das Vergessen und müssen mühselig die Entwicklungen des Körpers und des Geistes durchmachen, und dann wird in unseren Schulen der Geist auch noch falsch programmiert.«

»Das ist eben das Risiko, welcher der Seelenaspekte in einen Menschen überhaupt erwacht und ob er seine Lebensaufgabe erkennt. Nicht als Göttin, als Mensch, verstehst du!«

»Da kann ich nur hoffen, daß sich ein paar Göttinnen als Politiker inkarnieren, das wär's doch – damit könnte man an der heutigen Struktur am meisten ändern.«

»Die Idee ist nicht von der Hand zu weisen, schau doch mal, ob du einen oder eine findest.«

»Heißt das, ich soll eingreifen in das Gefüge der heutigen Zeit, mich nicht zurückziehen?«

»Ja, eingreifen in Liebe und sich nicht binden. Locker, leicht und voller Humor und immer wieder alles loslassen, neu überdenken, ohne Beurteilung, und um Hilfe bitten.«

»O ihr Götter, einen mühseligen Weg habt ihr da ausgesucht.«

»Das kommt wieder darauf an, von welcher Seite du das siehst.«

»Da wäre ich ja mit meinem Rückzug auf dem falschen Dampfer?«

»Hast du das schon gemacht, dich zurückgezogen?«

Am Morgen, beim Aufräumen meines Bettes, fiel mir die Panflöte in die Hand, die seit vier Jahren am Kopfende oder an der Seite meines Bettes liegt. Eine Frau in Afrika hatte sie mir geschenkt, als ich dort den Film »Die Elefantenbraut« drehte und auch das Märchen über Pan anfing zu schreiben.

Da sie das ja nicht wissen konnte, nahm ich dieses Geschenk der Panflöte als gutes Omen. Und laut und vernehmlich hörte ich meine innere Stimme.

»Du sollst verstehen, das Hier, das Jetzt, dein Leben verstehen!

Wie willst du deine Idee mit meiner Liebe zu Eli Sen über die Jahrtausende beschreiben?

Nicht kompliziert machen!

Nimm deine dunkle, deine irdische Seite an.

Meine Schafs- oder Ziegenbeine, das Tier, das sich

unterhalb meines Leibes befindet, meine Beine, die wie aus dem Tierischen entwachsen sind, du mußt den Mut haben, mich so anzunehmen, wie ich bin.

Deine Sinnlichkeit, die dich überfällt, selbst wenn du mich auf einer griechischen Vase abgebildet siehst, schau nicht weg, schau sie an, deine erotischen Wünsche.

Was ist schlecht daran? Nur dein Urteil!

Begreife das Leben, die Kostbarkeit des Seins.

Verschanze dich nicht in der Einsamkeit!

Lebe auch deine, wie du denkst, dunkle Seite, sie ist nicht dunkel, auf das *Wie* kommt es an.

Sage mir nicht, du seist zu alt. Du bist alt – ja, Jahrtausende.

In diesem Leben hast du dir noch viel Erfahrung aufgehoben. Lebe! Die Panflöte in deinem Bett soll dir die einfache, einzigartige Melodie deines Lebens spielen – mehr nicht!«

»Tue deine Arbeit, und kümmere dich nicht um die Frucht«, spricht Krischna zu Ardjuna, dem Prinzen in der Bhagavadgita.

Pan hatte mir eine klare Botschaft gegeben. Noch immer spürte ich die Anwesenheit all der Wesen aus der Anderswelt. Die Zeit des Geburtstags war die Zeit der wichtigen Botschaften, des tiefen Lernens.

Ich fühlte, daß ich nur Heger und Pfleger meines Gartens war und es nach mir einen anderen geben würde.

Der Garten verweigerte sich dann auch meiner Geburtstagsfeier, und ich respektierte dieses. Es regnete und regnete, und obwohl es Anfang August war, war es kühl wie im Herbst. Ich mußte kurzfristig umdisponieren. Den Freunden aus München konnte ich kaum den Garten zeigen bei diesem Wetter. Es war aber auch so sehr schön. Abends gingen wir in den Adler, ein Restaurant in Ermatingen. Man hatte das Zimmer mit Rosen geschmückt und Champagner kühlgestellt. Das Essen und der Wein waren vorzüglich, ich war ganz stolz auf mein Dorf und wie es sich präsentierte.

Meine Freunde fuhren alle beglückt wieder nach Hause, und ich war dankbar, daß Herbert und Gerhard und Carla, meine Agentin, die in guten wie in schlechten Tagen zu mir gehalten hat, und meine älteste Freundin Gräfin Solms sich auf den weiten Weg gemacht hatten, um an meinem Geburtstag bei mir zu sein. Wolfgang war mit dabei, was mich besonders freute, und von hier natürlich Heidi. Müsselchen war immer noch auf Wildlife in Kanada unterwegs.

Freunde muß man sich wahrhaftig nicht nur erwerben, sondern auch pflegen.

Die Zeit flog dahin, und nach acht Tagen spürte ich das Verschwinden der geistigen Helfer und Engel. Doch ihre Botschaft war eindeutig gewesen.

IX

*Im neunten Kapitel
vermisse ich den goldenen Weizen
im Herbst und erzähle
im Gartenhaus
eine Geschichte von Pan*

Es geht dem Herbst zu, die Felder sind reif. Das Korn wird immer früher geschnitten. Der goldene Weizen wiegt sich nicht mehr im Wind und singt sein Lied.

Die Zeit, in die ich eingreifen wollte, rast weiter.

Ich bin immer noch nicht in der Stille, in der ich so gern sein wollte.

Im Garten der Aphrodite überflutete uns jetzt das Gras, es wuchs und wuchs, und wir wußten nicht, wohin damit.

Der Reschenpaß mähte dazu noch das Gras vom Garten des Hauses, und Annemarie und er wollten es einfach an den Waldrand schmeißen. Ich kam gerade dazu, wie Annemarie eine Schubkarre mit Gras über meine gepflanzten Herbstblumen schüttete, die jetzt natürlich noch klein und ohne Brille kaum sichtbar waren.

»Annemarie, was machst du denn da, das Gras fault doch von unten und sieht furchtbar aus.«

Annemarie war darüber sehr empört, drehte sich mit der Schubkarre um und sagte: »Du Grüne – mußt doch wissen, daß es eines Tages Erde wird.«

Ich, getroffen durch »du Grüne«, meinte: »Aber doch nicht so, da muß man einen Kompost anlegen.«

Ich weiß nicht, warum mich dieses schnippisch hingeworfene »du Grüne« so gekränkt hatte. Ich mußte meine Beziehung zu Annemarie überdenken und versuchen, sie zu verstehen.

Annemarie war siebzig Jahre und hatte vor zwei Jahren ihre Tochter verloren. Ich war gerade aus München vom Drehen nach Hause gekommen, als mir Frauen vom Dorf mit Trauermienen entgegenkamen.

Ich fragte sie betroffen: »Ist etwa Annemarie gestorben?«

»Nein, die Tochter.«

Die Tochter war Lehrerin für Behinderte gewesen und eigentlich ein unglückliches Wesen. Nur einmal, als sie mir für die Ausstellung graphisch Holztafeln beschriftete, taute sie auf, und ich war ganz glücklich, einen Weg zu diesem Mädchen gefunden zu haben. Nun war sie gegangen. Für Annemarie war es schwer, weil sie auch existentiell durch den Tod der Tochter mit dem Kauf einer Wohnung in der Luft hing.

Wir alle halfen, so gut es ging, aber Annemaries Wesen war ein ewig hin- und herfallendes, sie pendelte zwischen Liebe und Haß. Sie traute dieser Welt nur Schlechtes zu.

Und immer wieder mußte ich ihr sagen: »So schlecht ist es nicht, Annemarie.«

Jetzt war allerdings auch ich wütend, mußte meine Wut erlösen und verstehen, daß eben so ein Mensch gewöhnt ist, daß alles nur nach seinem Kopf geht und alles sofort geschehen muß.

Wenn wir nicht sofort spuren, macht sie alles selbst, schafft auch schwere Steine aus dem Weg, wenn sie ihr nicht passen, keuchend wie eine alte Dampfmaschine, weil sie auch noch raucht wie ein Schlot.

Dabei hat sie soviel Humor und auch Lebensweisheit! Wir nannten sie eine Zeitlang »graue Wolke«, machten dann jedoch eine »weiße Wolke« aus ihr.

Unser Verstehen wächst. Der Reschenpaß in seiner gleichbleibenden Güte kommt am besten mit ihr aus, und die beiden sitzen im Häuschen, und Annemarie kocht ihm Kaffee oder Tee mit Schuß oder ohne.

Das Problem mit dem vielen Gras und dem Gartenabfall war uns geblieben, und nun beschlossen Heidi und der Reschenpaß, mit dem Grasabfall, der Erde und Holzspreu noch eine Terrasse zu bauen und alles mit Pfählen zu befestigen, so daß wir eines Tages eine natürliche Kompostverwertung haben, schöne Erde zur Weiterverwendung oder einfach noch einen Weg am Waldesrand.

Ich konnte mir dieses zwar nicht vorstellen, die beiden machten es jedoch einfach. Und Heidi und ich wurden abkommandiert, kleine Sägespäne zu besorgen. Wir klapperten alle Tischler ab und wurden auf den Fenstermacher in Ermatingen verwiesen.

Immer wieder staune ich, was es in diesen Schweizer Dörfern alles gibt. Wir lernten eine riesige Halle kennen, in der Baumstämme Jahre gelagert werden. Es duftete wunderbar nach Holz.

Wir bekamen große Säcke in die Hand gedrückt,

mußten über zwei Flachdächer zu dem großen Behälter von Holzspreu klettern – ich natürlich schimpfend, was in meinem Alter von mir alles verlangt werde, nur weil die zwei unbedingt Holzabfälle brauchten. Der Tischler heizte im Winter damit seinen ganzen Gebäudekomplex.

Wir, bewaffnet mit einer Gabel, füllten die Holzspreu in die großen Säcke und sahen nachher selbst wie Holzspreu aus.

Heidi konnte wieder nicht genug bekommen.

Das ist ein Verhalten von ihr, das ich noch nicht begriffen habe, denn letztlich hat sie ja nichts davon, es landet ja eh im Garten.

Irgendwo hat sie zu wenig abbekommen – zu wenig Liebe vielleicht?

Wir schleppten die schweren Säcke über die zwei Dächer ins Auto und fanden uns doch reichlich komisch, aber wiederum um eine Erfahrung reicher, nämlich in einen großen Behälter mit Holzspreu zu kriechen, diese zu riechen, zu schmecken und selbst voller Spreu zu sein. Reschenpaß war glücklich, und die Holzspreu wurde segnend verteilt. Möge sie bald mit all den Grasabfällen Erde werden.

Am Abend saßen wir, Heidi, Reschenpaß, Annemarie und Begum, der Hund, in unserem Gartenhäuschen, glücklich darüber, eine Lösung gefunden zu haben, und tranken ein, zwei Gläschen Rotwein. Das hatte sich nach der Arbeit so ergeben, daß man den Abend im Häuschen genießt.

Heidi löcherte mich, ich solle doch endlich das Gespräch mit Pan und Roc, dessen Stimme mich auf einer Kassette von Findhorn sehr beeindruckt hatte, erzählen, von der ich ihr berichtet hatte.
Roc muß ein wunderbarer Mann gewesen sein, der die Natur liebte.
Seine Stimme auf der Kassette war voller Wärme und Güte und von einer reinen Zartheit. Er berichtet über das Königreich der Natur und seine erste Begegnung mit einem Faun, der Kurmos hieß und nicht glauben konnte, daß ihn ein Mensch sehen kann – wirklich sehen kann.
Später begegnet ihm Pan.
Und ich las also meinen so fleißigen Gartenhelfern die Geschichte dieser Begegnung vor, die Marianne, die Übersetzerin von Peter Dawkins, ins Deutsche übertragen hat.
Zunächst fühlt Roc ein Kribbeln, und eine große Erwartung überfällt ihn, und plötzlich sieht er eine Figur, ein Wesen, das auf der Straße neben ihm hergeht. Von diesem Wesen geht eine gewaltige Kraft aus.

Ich schaue ihn an. Sicherlich war das nicht mein kleiner Faun, der jetzt plötzlich so groß geworden war.
Wir gingen weiter. Er drehte sich um und schaute mich an: »Na, hast du keine Angst vor mir?«
»Nein.«
»Warum nicht? Alle Menschen haben Angst vor mir.«

»Ich fühle nichts Böses in deiner Gegenwart, ich habe nicht das Gefühl, daß du mich auf irgendeine Weise verletzen würdest.«
»Weißt du denn, wer ich bin?«
In diesem Augenblick wußte ich es.
»Du bist der große Gott Pan.«
»Dann solltest du Angst haben; denn euer Wort Panik kommt von der Angst, die meine Gegenwart euch einflößt.«
»Ich habe keine Angst.«
»Kannst du mir sagen, warum?«
»Möglicherweise wegen meiner Freundschaft mit deinen Untergebenen, den Erdgeistern.«
»Glaubst du denn an diese?«
»Ja.«
»Liebst du meine Untertanen?«
»Ja.«
»In diesem Fall liebst du mich?«
»Warum nicht?«
»Liebst du mich?«
»Ja.« Er schaute mich ganz besonders an mit einem seltsamen Lächeln und einem Glanz in seinen Augen, seinen tiefen, geheimnisvollen braunen Augen.
»Du weißt natürlich, daß ich der Teufel bin? Jetzt hast du gerade gesagt, daß du den Teufel liebst.«
»Nein, du bist nicht der Teufel, du bist der Gott der Wälder und aller Wesen, die in ihnen leben. Ich fühle nichts Böses in dir. Du bist Pan.«
»Du weißt, daß die christliche Kirche mich als Mo-

dell für den Teufel genommen hat. Sieh meine klobigen Hufe an, meine Ziegenfüße und die Hörner auf meiner Stirn.«
»Die Kirche hat alle heidnischen Götter und Geister in Teufel verwandelt.«
»Hatte die Kirche unrecht?«
»Die Kirche tat dies in der besten Absicht, aber es war falsch. Die alten Götter sind nicht unbedingt Teufel.«
Wir gingen über die Dundas Street und am Jennersshop vorbei in die David Street.
»Wie rieche ich?«
Seit er sich zu mir gesellt hatte, war mir ein ganz wunderbarer Duft von Kiefernwäldern bewußt geworden, von zarten Blättern, frisch gepflügter Erde und den Blüten der Wälder. Ich sagte ihm das.
»Rieche ich nicht wie eine Ziege?«
»Nein, überhaupt nicht. Es ist da eine zarte Beimischung von Moschusduft wie das Fell einer gesunden Katze. Es ist angenehm, fast wie Weihrauch. Behauptest du denn immer noch, du wärst der Teufel?«
»Ich muß herausfinden, was du über mich denkst.«
»Warum?«
»Aus einem bestimmten Grund.«
»Willst du mir sagen, welches der Grund ist?«
»Nicht jetzt. Es wird sich zu seiner Zeit offenbaren.«
Wir gingen weiter über das Ende der George Street. Pan kam ganz nahe zu mir.

»Hast du nichts dagegen, daß ich so nahe bei dir gehe?«
»Nicht im geringsten.«
Er legte seinen Arm um meine Schultern.
»Hast du etwas gegen solchen körperlichen Kontakt?«
»Nein.«
»Du fühlst dich nicht zurückgestoßen? Hast keine Angst?«
»Nein.«
»Wunderbar.«
Ich konnte mir keinen Reim darauf machen, warum er unbedingt versuchen wollte, irgendein Zeichen der Angst aus mir hervorzulocken. Ich behaupte bestimmt nicht, daß ich ein besonders tapferer Mensch bin. Es gibt eine Menge Dinge, die mich zu Tode ängstigen würden. Aber aus einem unerfindlichem Grund hatte dieses Wesen mir kein bißchen Angst eingeflößt. Ich fühlte Ehrfurcht angesichts seiner großen Kraft, jedoch keine Angst, nur Liebe. Ich wußte damals noch nicht, daß Pan jemanden finden mußte, der tatsächlich keine Furcht und Angst vor ihm hatte.

Er ist ein großes Wesen, der Gott der gesamten Elementarwelt, der Wesen der Wälder. Die Menschen fühlen sich vielleicht unangenehm in seiner Gegenwart aufgrund der Ehrfurcht, die er einflößt, daraus sollte jedoch keine Angst entstehen.

»Alle Menschen haben Angst vor mir.«

Das hörte sich für mich nicht bedrohlich an. Daraus sprach Trauer.

Deshalb haben alle Leute Angst vor ihm. Dieses Bild muß von ihm genommen werden, so daß seine wahre Natur offenbar werden kann. Das war der Grund, weswegen er jemanden finden mußte, der ihn nicht fürchtete. Wir gingen in die Queen Street. Als wir an der Post vorbeikamen, fragte ich Pan, wo seine Panflöte sei.

Er lächelte über die Frage. Und da hatte er sie schon in seinen Händen. Er begann eine seltsame Melodie zu spielen. Ich hatte diese Melodie zuvor in den Wäldern gehört und seitdem immer wieder. Sie war so einhüllend und illusionär, daß ich sie hinterher niemals wiedergeben konnte.

Als wir die Eingangstür meiner Wohnung erreichten, verschwand er. Im Haus hatte ich ein starkes Gefühl davon, daß er da war, aber ich konnte ihn nicht sehen. Diese seltsame Begegnung machte einen tiefen Eindruck auf mich. Ich hatte keine Ahnung, warum diese Begegnung stattgefunden hatte und warum dieses Wesen gerade mich ausgewählt hatte, um mit mir in Kontakt zu kommen.

Es sah jetzt so aus, als hätte meine Begegnung mit dem kleinen Faun Kurmos dazu den Auftakt gebildet. Keine von beiden Begegnungen konnte ich ins Reich der Illusionen verweisen. Dazu waren sie viel zu deutlich und real. Sie hinterließen mich voller Verwunderung und neugierig, was jetzt als nächstes geschehen würde.

Das nächste besondere Treffen fand erst im Mai auf der Insel Iona in der Zelle des Eremiten statt. Sie befindet sich im Rest eines kleinen Gebäudes, in dem der heilige Kolumba meditiert hat. Jetzt ist nur noch ein Ring aus Steinen dort, in den man hineingehen kann und auf dem man dann sitzen kann.

Ich stand in der Mitte und schaute in Richtung auf die Abteikirche, und da sah ich eine gewaltig große menschliche Figur.

Ich konnte sie durch das Gras sehen, und sie sah so aus wie ein Mönch in einem braunen Habit, die Kapuze über den Kopf gezogen, so daß ich die Gesichtszüge nicht sehen konnte.

Seine Füße zeigten zu mir. Wie ich ihn anschaute, hob er seine Hand und zog die Kapuze zurück.

Es war Pan.

Er erhob sich aus dem Erdreich und stand mir gegenüber, eine gewaltige Gestalt, mindestens fünfundzwanzig Fuß hoch (wobei ein Fuß ungefähr dreißig Zentimeter mißt, das wären dann etwa siebeneinhalb Meter groß).

Als er so stand, fiel das Habit von ihm ab, und er lächelte. Er sprach: »Ich bin ein Diener des allmächtigen Gottes. Ich und meine Untergebenen sind willens, der Menschheit zu helfen, trotz der unfreundlichen Behandlung, die wir von ihr erfahren, und des Mißbrauchs der Natur. Voraussetzung ist, daß die Menschen uns anerkennen und um Hilfe bitten.«

Ich wußte, daß dies auf irgendeine Weise der Anfang einer Versöhnung zwischen Pan und den Naturgeistern einerseits und der Menschheit andrerseits war.

Die andern saßen ganz ergriffen da. Auch mich hatte die Geschichte erschüttert. Die immer wiederkehrende Frage Pans: »Hast du nicht Angst vor mir, bin ich nicht der Teufel? In euren Kirchen habt ihr mich doch zum Symbol für den Teufel gemacht.«

Wir hatten also den Gott der Natur verteufelt und damit die Natur selbst, das hat mich so zutiefst aufgewühlt, daß ich einfach etwas tun mußte.

Vielleicht hängt das auch mit dem falschen Satz in der Bibel zusammen: »Macht euch die Erde untertan.«

Aber selbst wenn ich mir etwas untertan mache, bin ich verantwortlich dafür, und das heißt nicht unterdrücken, sondern aufbauen.

Jeden Tag versichere ich Pan: »Ich liebe dein Königreich, jeden Baum und jedes Blatt, und ich möchte mithelfen, das richtige Verständnis und den Respekt vor deinem Reich aufzubauen, für das ich mich verantwortlich fühle.«

Inzwischen war es ganz dunkel und auch ein bißchen kalt, und wir tranken den letzten Tropfen und hoben unser Zusammensein auf. Heidi meinte, seitdem sie von Pan gehört habe, habe sie eine ganz andere Beziehung zur Arbeit im Garten. Es tue ihr weh, wenn sie aus Versehen einen Regenwurm zerteile, und sie überlege sich im Gegensatz zu früher, wie sie mit den Pflanzen umzugehen habe. Sie rupfe nicht mehr so rigoros alles heraus, was ihr nicht mehr gefalle.

Der Garten ist für sie wie ein Schlüssel zu einem Tor, sie weiß nur noch nicht, wohin das Tor sie führen wird.

X

*Im zehnten Kapitel bleibe ich
der Zwetschgenernte fern
und erlebe fast so etwas wie ein
Wunder auf dem Dachstein*

Müsselchen war wieder zurück aus Kanada, gerade rechtzeitig, um mit mir nach Bad Hofgastein zu einem Symposium für ganzheitliches Leben zu reisen.

Ich hatte zugesagt, ohne Honorar zu lesen, weil mich das Symposium interessierte.

So fuhren wir beide am 27. August los, erst mal nach Salzburg, wo wir im Hotel Gmachl, etwas außerhalb, übernachteten, weil ich am nächsten Morgen Kostümproben für die Fernsehserie »Schloß Hotel Orth« haben sollte. Diese drei Drehtage hatte ich schon vor langer Zeit angenommen, und die Gage konnte ich gut für den Garten brauchen.

Sozusagen zwei Fliegen mit einer Klappe. Die Drehzeit war erst im September, bis dahin mußten die Kleider jedoch ausgesucht sein.

Müsselchen und ich genossen am Abend dieses wunderschöne Hotel, den Garten bei Kerzenlicht und die verführerische österreichische Küche.

Am Morgen bei der Kostümprobe mit einer sehr netten Kostümbildnerin war nicht zu übersehen, daß ich einfach zu dick geworden war.

Mit dieser Erkenntnis vor dem Spiegel sah ich mich wieder als Schauspielerin, die in der Rolle der Gräfin im Schloß Hotel Orth ja doch anständig aussehen mußte.

So fuhr ich etwas zerknirscht nach Bad Hofgastein, wir verkniffen uns in Bad Ischl bei Zauner den Kuchen, tranken nur Kaffee und kamen uns heldenmütig vor.

Wir fanden in Bad Hofgastein sofort unser Hotel. Es war das schönste, sozusagen als Entschädigung für mein honorarfreies Lesen. Wir bekamen ein herrliches Zimmer mit Blick auf die Berge, die Hofgastein umgeben.

Das Symposium begann mit einem Vortrag von Doktor Bodo Werner über die Wichtigkeit der Reinheit des Darmes.

Der Tod sitzt im Darm, sagen die Ägypter.

Doktor Werner zeigte verschiedene entzündliche Bäuche in verschiedenen verschobenen Haltungen.

Ich fühlte sofort – aha – da – dieser entzündliche Bauch ist meiner. Und sein Vortrag über unser falsches Verhalten beim Essen, meistens zuviel und durcheinander und zu den falschen Zeiten, in der falschen Verfassung und vor allem zuwenig gekaut, schlug bei mir mit Blitz und Donner ein.

Meine Figur morgens vor dem Spiegel hatte mich schon mit Entsetzen erfüllt.

Betroffen fiel ich abends ins Bett und hatte solche Gallenschmerzen wie noch nie zuvor. Ich konnte nicht einen Moment schlafen und faßte den verrückten Entschluß, einfach zu bleiben, bis ich im September im Schloß Hotel Orth drehe.

Mein Körper gab mir durch den Schmerz den Befehl abzunehmen. Müsselchen nahm meinen Entschluß mit der ihr eigenen ruhigen Gelassenheit auf.

Sie komme mich dann eben wieder abholen. Mit den vielen Kostümen könne ich nicht mit dem Zug fahren. – Na, Gott sei Dank, fügte sie noch hinzu, sie komme gern. Müsselchen ist immer selig, wenn sie mit mir verreisen kann. Jetzt müßten nur noch Heidi und Reschenpaß gefragt werden wegen der anstehenden, reichen Zwetschgenernte. Doch auch die beiden erklärten sich bereit, die Ernte ohne mich zu machen, obwohl die Bäume Früchte trugen wie verrückt.

Ich hatte vor meiner Abfahrt schon die Fässer für die Ernte vom Egnacher kommen lassen. Zehn Fässer zur Vorsicht!

Hungerbühler, der die Obstverwertungsfabrik Egnacher leitet, und ich waren die Initiatoren des Hochstammvereins, so half er mir selbstverständlich bei der Ernte.

Und das Sprichwort stimmte: Die dümmsten Bauern haben die größten Kartoffeln – in unserem Fall Zwetschgen.

Ich war nun also frei zu tun, was ich wollte, und ich schritt sofort zur Tat.

Doktor Werner untersuchte mich, und genau das, was ich gedacht hatte, bestätigte er: ein entzündlicher Darm und eine vergrößerte Leber. Als Kind hatte ich

Gelbsucht und zweimal Typhus, und von den Spritzen gegen den Typhus sind viele Narben zurückgeblieben.

1945 nach dem Krieg waren die Spritzen nicht sauber, und jeder Einstich bildete Abszesse, die wieder aufgeschnitten werden mußten.

Er unterspritzte all meine Narben, und so hing ich an diesem ersten Seminartag nur chloroformiert im Bett, und Müsselchen ging allein in den Vortrag mit dem Auftrag, mir alles genau zu berichten.

Abends las sie mir begeistert den Vortrag über Feng Shui von Manfred Makra vor.

»Weißt du, Ruth, Feng Shui ist die Lehre über Räume und ihre Wirkung auf uns, die seit viertausend Jahren in China bekannt ist. Der wichtigste Raum in einer Wohnung oder einem Haus ist die Küche, die den Ort des Reichtums darstellt. Die Überlegung, die dahinter steht, ist ganz einfach: Je besser und gesünder die Ernährung, um so größer die Leistungsfähigkeit des Menschen, was wiederum seinen Wohlstand nährt.

Besonders«, Inge war ganz aufgeregt, »hat mich umgeworfen, daß ich, wenn ich in meine Küche gehe, fragen soll, ob mich diese Küche ehre und ob ich sie ehre, und ich glaube, da muß ich viel aufräumen in meiner Wohnung. Wir sollen jeden Gegenstand in die Hand nehmen und fragen, ob wir ihn brauchen, denn wenn er keine Bedeutung mehr für mich habe, nehme er nur mein Licht.«

»Inge, wir haben doch alle viel zuviel herumstehen.«

»Das Wohnzimmer ist der Raum für Kommunikation, und wieder muß ich mich fragen, ehrt mich dieser Raum und ehre ich ihn. Freiraum – in der Mitte eines Wohnzimmers soll nur leerer Raum sein, denn nur etwas Leeres könne man füllen. In einem leeren Raum hat das geringste Ding die größte Bedeutung.

Das Badezimmer ist der Raum für Reinheit und Sexualität, das Gästezimmer ist einer der wichtigsten Räume im Haus.

Wir sollten alle Schubladen ordnen, und eine muß leer bleiben. Ordnen der Vergangenheit macht frei.

Und wenn ich quasi in meinen eigenen Problemen untergehe, soll ich anfangen, den Keller aufzuräumen, den Dachboden entrümpeln, weil ich damit mich selbst entrümple von alten Vergangenheitstraumas, die ich durch das Saubermachen loslassen kann.

Manchmal gelingt es uns, in uns zu ruhen, dann entsteht ein Raum – Wir empfinden Geborgenheit, und es bildet sich ein Raum der Heilung.«

Müsselchen war voller Anregungen. In der Tat gab es jede Menge zu tun, zu entrümpeln, alten Ballast abzuwerfen. Das tat ich auch in meinem Körper.

In meinen Gedanken und Gefühlen hatte ich alles Schwere, Vergangene, Belastende im violetten Licht, in jahrelanger nächtlicher Atmungsarbeit aufgelöst.

Immer wieder alles Leben um Verzeihung gebeten und verziehen und diesen ganzen Beziehungsklumpatsch, den man im Laufe seines Lebens anhäuft, auch vergessen.

An den Körper und vor allem an die Galle und den Darm und die Leber, die dieses ja auch alles verarbeiten müssen, hatte ich nicht gedacht. Ich war in den letzten zwei Jahren öfter zur Massage zu einem sehr ruhigen wissenden Mann mit guten Händen gegangen und war erstaunt, daß mein Knie sich an Begebnisse erinnerte, die durch die Massage hochkamen, die ich längst vergessen hatte.

Das Körpergedächtnis ist so akribisch genau wie unser Gedankengedächtnis.

Mein Körper hat mir immer wieder vergessene Erlebnisse aus der Kindheit und der Zeit der Flucht erzählt, die sich in das Zellgedächtnis meines Körpers eingebrannt hatten. Mir wurde bewußt, daß wenn wir anfangen, uns zu reinigen, wenn wir den Weg der Bewußtwerdung der Verantwortung gehen, es ein mühseliger Reinigungsweg wäre.

Manchmal dachte ich, jetzt habe ich es geschafft, jetzt ist der ganze Schutt abgetragen, aber denkste – es waren nur Schichten, darunter lag noch älterer Dreck, der ebenfalls erlöst werden wollte.

Wie lange sind wir über die Erde gegangen, was haben wir alles getan? Wir waren Mörder und Opfer, Hure und Königin, Liebende und Hassende. In jeder Kultur und Rasse haben wir Menschen und Tiere verletzt, ja getötet und sind selbst getötet worden. Haben Haß, Feuer und Galle gespuckt. Verflucht und geliebt.

Alles ist aufgezeichnet in unserem Lebenscomputer, in unserer Seele als Erfahrungskonzept, damit wir eines Tages dieses alles, ohne zu beurteilen, liebend überwinden. Nicht töten – erlösen.

Und das, mein liebes Ruthchen, ist ein langer Weg. Manchmal verliere ja auch ich den Mut und werde müde und träge. Doch im Jetzt erzählt mir mein Körper: Maß halten.

Maß zu halten im Essen, dann lernst du auch, Maß zu halten in Gefühlen und in dem, was du an Äußerlichkeiten verlangst.

Mein Schönheitsbedürfnis ist groß, und nachdem ich in München alles aufgegeben hatte, hatte ich schon wieder zuviel angehäuft, und das trübte den Blick – nimmt nach Feng Shui das Licht.

Der Löwe in mir, der immer alles zweimal will, alles noch schöner, noch größer, muß – nein –, er soll von selbst aufgeben – lernen, sich auf das Wichtige zu besinnen.

Ja, so sinnvoll der Garten war, er war eine große Belastung. Ich hatte ein Stück Freiheit aufgegeben, denn es mußte gepflanzt, gegossen und geerntet werden.

Wenn ich Heidi und den Reschenpaß nicht hätte, säße ich jetzt in Fruthwilen auf dem Pflaumenbaum und nicht in Bad Hofgastein und kaute langsam und bedächtig ein altes Brötchen und tränke Ziegenmilch dazu, lehrte meine Zähne wieder kauen – genießen.

Es schmeckt wunderbar, wenn alles nur noch flüssig ist.

Ich schaute dabei auf die Berge und entdeckte eine lachende Tanne, die ein so komisches Gesicht hatte und anscheinend den anderen Tannen gerade einen Witz erzählt hatte. Alle bogen sich vor Lachen.

Es fiel mir nicht schwer, mit dem wenigen Essen zu leben, ich genoß das Leichterwerden, das Gehen, die Massage des Bauches und die Gespräche mit Doktor Werner, der immer Wege suchte, den Menschen in seiner Ganzheit zu heilen.

In der Kur lernte ich Gabriela kennen, die seit Jahren Krebs in ihrem Körper hat und ihn mit immer verschiedenen Heilverfahren geheilt glaubte. Jetzt, wo sie sich gesund fühlte, hatte man ihr gesagt, daß sie einen Tumor im Kopf habe. Sie trägt auch diesen Hammerschlag mit Fassung. Wir gingen viel zusammen spazieren, und ich bewunderte, wie sie versuchte, den Grund zu hinterfragen, warum sie Krebs habe. Diesmal wollte sie durch Gebete und durch die Hingabe an Gottes Willen – »Dein Wille geschehe« – ihre Krankheit überwinden.

Sie war es auch, die mich dann an Ende meiner Kur über Altaussee zum Drehen für »Schloß Hotel Orth« nach Gmunden brachte.

Altaussee, mit Blick auf den Dachstein, hat mich sehr fasziniert. Der See mit dem klaren Wasser – er darf nur mit Ruderbooten befahren werden – und die Berge, die sich im klaren Wasser spiegeln, waren herrlich anzusehen. Ich liebe den Dachstein.

Bei Sterneder im »Wunderapostel« habe ich gelesen, daß die Herren von Shamballa in großer Sorge um Europa 1930 über dem Dachstein, natürlich nicht sichtbar, ein geistiges Zentrum gebaut haben. So zog es mich immer zum Dachstein, und eines Tages war es dann soweit gewesen.

Ich hatte eine Ausstellung in Leoben, und nachmittags um fünf Uhr spürte ich einen starken inneren Befehl.

Fahrt jetzt bitte zum Dachstein und auf der rechten Seite, direkt vor der Auffahrt, werdet ihr ein Hotel finden.

Müsselchen und ich packten in Windeseile und fuhren los. Es war eine traumhafte Fahrt, aber es wurde schnell dunkel und neblig, und es gab nur Hotels zur Linken.

Wir tasteten uns durch den Nebel, und als wir wirklich nicht weiter kamen, stand ein Hotel auf der rechten Seite. Da oben war fast überhaupt nichts mehr zu sehen und der letzte Abschnitt schwer zu befahren, aber Müsselchen konnte das.

Wir bekamen ein Zimmer und die Auskunft, daß der Dachstein seit vierzehn Tagen im Nebel liege, also nicht zu sehen sei. Ich fühlte mich jedoch bestärkt von der Richtigkeit der Aussage, das Hotel auf der rechten Seite zu finden. Wir waren in der Nähe der Meister des Dachsteins und waren sehr aufgeregt.

Am nächsten Morgen nichts wie hoch, es war noch immer dicker Nebel, und an der Seilbahn sagte man uns, es sei sinnlos hochzufahren, es sei zu kalt, und sehen könne man eh nichts.

Wir fuhren trotzdem.

Oben angekommen, umgab uns eine dicke, undurchsichtige Brühe, und es war eiskalt. Wir tappten ein bißchen herum und versuchten, uns mit den Meistern zu verbinden: Wenn es euch wirklich gibt, gebt uns bitte ein Zeichen! Und auf einmal drei riesige mächtige Atemzüge von oben, und der ganze Nebel war wie weggeblasen. Der Dachstein und das umliegende Gebiet lagen in der kalten, klaren Wintersonne vor uns – völlig frei.

Wir standen erstarrt in tiefer Demut da, angesichts dieses großen Wunders. Es gibt sie! Die geistige Welt hat ein Retreat über dem Dachstein.

Als wir wieder hinunterfuhren, fast erfroren – wir wußten nicht, wie lange wir in der Kälte gestanden hatten –, sagte der Seilbahnführer – wir waren nämlich die einzigen da oben: »Na, Sie haben ein Glück, so was habe ich noch nie erlebt, und ich fahre schon lange hier hoch.«

Ja mei, wir schauten uns selig an, Müsselchen und ich.

Dieses Erlebnis wird uns immer verbinden. Wir

sind halt Glückskinder, wir zwei. Unendlich dankbar fuhren wir damals nach Hause.

Und nun war ich wieder in der Nähe des Dachsteins, nur auf der andern Seite, und betrachtete sehnsüchtig das Gletscherfeld.

Gabriela brachte mich in mein Hotel und fuhr wieder heim, enttäuscht, daß man jemand wie mich so unterbringt. Ich versuchte ihr zu erklären, daß es beim Fernsehen einfach so sei. Du wohnst in der Nähe, wo du drehst, wie das Hotel auch immer ist.

Ich fühlte mich wieder wohl in meinem Körper und freute mich auf die Arbeit.

Und wo drehten wir am nächsten Morgen?

Über Bad Aussee, auf einem Berg mit Blick auf den Dachstein. Alles war eine weiße Nebelsuppe, nur der Dachstein hob sich majestätisch daraus hervor. Zufall?

Wir drehten einen Spaziergang, ich als arme Gräfin mit einem Heiratsschwindler. Schon nach drei Tagen war alles erledigt. Heute ist man auch in einer Hauptrolle für eine Folge in einer Serie schnell abgedreht.

Müsselchen holte mich mit meinem Wagen ab, und wir beschlossen, wieder zur Südseite des Dachsteins zu fahren.

Unsere Erwartungen waren vielleicht zu hoch, es war der fünfundzwanzigste September und die Seilbahn knallvoll mit Skifahrern.

»Kann man denn jetzt Skifahren?« fragte ich blöd.
»Natürlich, auf dem Gletscher.«

Ich mußte tief Luft holen. Wozu müssen wir im September Skifahren? Na ja, unsere Welt ist halt so.

Oben waren so viele Menschen, daß ich fast verzweifelt zu Müsselchen sagte: »Laß uns umkehren, bitte.«

Aber sie als Stier, hartnäckig, ruhig: »Wir bleiben.«

Wir hatten die falschen Schuhe an. Meine innere Stimme sagte mir: Geht nach links.

Also stapften wir mitten unter den Skifahrern nach links. Da war ein Felsen, ein eigenartiges Gebilde, wie ein Steintempel sah er aus, und wir spürten am Kopfchakra und an den Händen starke Energien. Wir standen da, nun in unserer Stille, und schauten bewundernd auf diesen eigenartig gebildeten Steinfelsen. Ja, er sieht wirklich aus wie ein Naturtempel aus Stein, und in mir hörte ich: Es ist der Tempel der Mutter.

Wir schauten uns die Augen aus, es geschah nichts.

Ein bißchen traurig ging ich in die Seilbahnkabine zurück. Auf einmal sah ich genau mein Profil im Gestein gerade in dieser Wand. Die Haare, das breite Gesicht.

Ich schubste Müsselchen, sie soll mal schauen.

Sie gleich: »Ja du, das bist ja du.«

Gott sei Dank merkte keiner was.

Wir betrachteten nun dieses Steingesicht, das mir glich, und wissen bis heute nicht, was es bedeutet. Wir konnten es noch bis zur letzten Kurve sehen, ein Steinrelief im Felsen mit meinem Kopf und völlig modern gemeißelt sah es aus, vor allem meine Haare.

Steingeister sehen oft sehr verschroben und etwas wild oder witzig aus. Na ja, ich wage nicht das Wort Wunder zu benutzen.

Müsselchen meinte neugierig: »Ich bin gespannt, ob es bei unserem nächsten Besuch auch noch da oben ist.«

Daheim angekommen, fing jeder an bei sich aufzuräumen.

Ich konzipierte mein Schlafzimmer neu.

Das Bett kam in die linke Ecke, weg von den Abflußrohren des Bades und ihrer Ausstrahlung.

Dahin stellte ich den Kleiderschrank.

Vor das Fenster zentral den Glasschreibtisch.

Dahinter das Biedermeier-Sofa und einen kleinen Tisch.

Freiraum hatte ich zu wenig.

Ehrt mich meine Küche?

Ich ehrte sie, indem ich sie aufräumte, und ich legte ein Holzbrett zwischen Wasser und Ofen. Holz trennt Feuer vom Wasser.

Den langen Flurgang unterbrach ich an der Decke mit kleinen Kristallen, daß die Energie nicht davonrauscht.

Ich versiegelte mit einem von Anita, der Holzschnitzmeisterin, gemachten blattvergoldeten Fünfstern aus Holz jede Tür und animierte Anita, goldenes Obst zu schnitzen, das nach der Feng-Shui-Lehre Reichtum verkörpert. Sie arbeitete dieses Obst exzellent, und ich plazierte es auf einem hübschen Biedermeiertisch, fast in der Mitte des Wohnzimmers, und nun will ich mal sehen, ob das Obst den Reichtum anzieht.

Mein Gästezimmer gefällt mir – und auch meinen Gästen.

Müsselchen tat dasselbe, sie räumte ja schon seit Wochen in ihrem kleinen Haus auf, und das Komische war, ihre Familie war hocherfreut und half mit, und sie hatte genau das Gegenteil erwartet.

XI

*Im elften Kapitel werden
Grenzen versetzt
und im Garten Verpackungskunststücke vollbracht*

Im Garten der Aphrodite erwartete mich die Pracht der blühenden Sonnenblumen. Übermannshoch streckten sie ihre goldenen Köpfe der Sonne entgegen.

Reschenpaß erzählte, daß nach einem Sturm viele abgerissen und geknickt gewesen seien und er, fast weinend, vor ihnen kniend, sie mit Stangen liebevoll aufgerichtet und festgebunden habe.

Die Rosen blühten gegenüber unserer Aphrodite in leuchtenden Farben. Der Garten war eine Wucht, nur die Pflaumenbäume hatten sehr unter ihrer schweren Last gelitten. Teilweise waren Äste abgebrochen, und teilweise hatten sie bei der Ernte Äste abgeschlagen. Ich schimpfte Heidi und Reschenpaß und kaufte Baumwachs. Reschenpaß mußte tagelang Wunden zuschmieren. Er tat dieses mit großer Geduld, obwohl ihm das Hochsteigen auf die Leiter gar nicht behagte.

Ich wollte mich gegenüber meinem Nachbarn Ilg ehrlich zeigen, indem ich den Grund unter dem Apfelbaum, den ich als Erde für die Ebene gebraucht hatte, ausmessen ließ und bezahlen wollte. Und ich bestellte auch den Landvermesser, weil ich gern noch ein Stückchen dazugehabt hätte.

Herr Ilg meinte beim Vermessen, wir hätten vielleicht einen Grenzstein beim Baggern herausgerissen.
Ich: »Nein, bestimmt nicht, das würde der Stein-Ilg nie machen.«
Und da wir den Grenzstein nicht fanden, mußten wir das ganze Grundstück, auch das, das mir gar nicht gehörte, vermessen lassen. Wir fanden den Grenzstein, wo wir ihn nie vermutet hätten: Ich war mit meinem gebauten Weg, mit einem Teil des Sterns und der Mauer, in Ilgs Grundstück gelandet!
Das war ein Schreck in der Abendstunde.
Ilg hat also immer gütig zugesehen, wie ich auf seinem Lande baute. Was einem so alles passiert, wenn man einen Garten anlegt.
Der Weg und der Stern waren immer noch durch den Lehmhügel gefährdet, der noch Ilg gehörte. Diesen mußte ich nun also auch noch erwerben! Heidi hatte die Idee, eine kleine Mauer zu bauen, um den Hügel zu befestigen. Und so wurden also wieder Steine bestellt.
Wie immer konnte Heidi nicht genug bekommen.
Heidi und Reschenpaß knieten bei Scheinwerferlicht die halbe Nacht, und Reschenpaß bekam sich nicht mehr ein, weil er zum ersten Mal in seinem Leben eine Mauer nur mit Lehm gebaut hatte und sie auch noch hielt.
Natürlich tranken sie zwischendurch Rotwein und waren dadurch noch mehr beflügelt.
Ich hatte im Moment nicht viel zu sagen im Garten

und mußte mir das Recht zum Mitreden erst wieder erarbeiten.

Als ich die Leiter hielt, damit der Reschenpaß nicht runterfiel, suchte ich den Kontakt zu meinem kleinen Wald und seinen Bäumen. Aus einer der Lerchen schaute mich ein liebevolles Altweibergesicht an, eine tröstende, alte, weise Frau – wie schön. Als Reschenpaß fertig war, ging ich zu ihr hinunter; am Fuße der Lärche sah ich auf einmal eine kleine Terrasse zwischen den beiden Bäumen. Die Lärchenfrau lud mich förmlich dazu ein, mir hier eine Bank zu bauen. Reschenpaß fertigte mir eine einfache Sitzgelegenheit, und es war fast so, als ob ich hinuntersteige in den Schoß der Mutter Erde und sie mich tröstend umfängt. Ich spürte, daß dies mein Platz der Stille würde.

Unser kleines Rinnsal sang trotz seines wenigen Wassers sein Lied. Abwärts gab es terrassenförmige, kleine Wasserfälle und schöne grünschimmernde Steine, auf die das Wasser fiel. Ob die Natur sich dies selbst hatte einfallen lassen?

Ich zumindest hatte mir auch etwas einfallen lassen.

In einer Blumenhandlung in Bad Hofgastein hatte ich eine schöne Terrakottasäule gesehen und mich erkundigt, woher sie war. Man zeigte mir einen Katalog mit vielen schönen Dingen aus Terrakotta.

Ich suchte mir einen kleinen Gnom aus, der eine Kugel in der Hand hielt und lustig in die Welt schaute; eine wie von Botero gemalte, dicke Frauenstatue; Fortuna, die Glücksgöttin, und einen Obelisken.

Man versicherte mir, daß man die Statuen aus der Toskana zu mir bringen würde, und man brachte sie wirklich!

Ich hatte all meine Freunde alarmiert, und wir hatten Geräte zum Transport der diversen Terrakottafiguren in den Garten bereitgestellt. Sie brachten natürlich auch eine falsche!

Wenn Heidi nicht so gemosert hätte, hätte ich klein beigegeben und die falsche, die aber kitschig war, aufgestellt.

Es wurde mir jedoch befohlen, mit der Blumenhandlung zu telefonieren, um darauf zu bestehen, daß diese Figur zurückgehe. Es sei ein Irrtum, die richtige werde noch geschickt, und der Transport koste auch nicht mehr. Also packten wir dieses falsche Mädchen vorsichtig wieder ein und gaben sie dem Fahrer zurück.

Und nun standen wir vor unserem kleinen Obelisken, den ich natürlich nur im Katalog gesehen hatte: Er entpuppte sich als Miniobelisk.

Wir stellten ihn auf den ersten kleinen Sitzplatz unterhalb des Häuschens.

Den kleinen Gnom plazierten wir an den Anfang des Reschenpasses und nannten ihn Philippus. Frau Botero kam an das Ende des Reschenpasses, sie war hübsch, aber auch winzig. Dann setzten wir überall gelbe und violette Herbstastern und bedankten uns bei den Margeriten, die den ganzen Sommer in den Töpfen geblüht hatten. Sie kamen als Humus auf unseren großen neuen Kompost.

Immer noch begleiteten uns überraschenderweise die Mohnblumen und die vielen Rosen.

Heidi, die die nackt dastehenden Blumenbeete nicht ertragen konnte, bat darum, nun einige hundert Stiefmütterchen zu pflanzen, und nach den Stiefmütterchen folgten zu meinem Entsetzen einige hundert Erikas.

Reschenpaß streichelte die Erde den Wald hinunter. Um meinen Sitz setzte ich Schneeglöckchen und Maiglöckchen in den Abhang, daß sie die Herzkraft des Waldes stärkten, und Reschenpaß pflanzte in die neuen zwei Meter vom Ilg mit großem Eifer Tulpen, Osterglocken, Narzissen und Krokusse.

Er belagerte die Kaufhäuser und suchte nach Billigangeboten für Frühjahrspflanzen mit einem solchen Ehrgeiz, daß ich auch ihn bremsen mußte.

»Sag mal, mein lieber Rico, jetzt sage ich Rico zu dir, was macht ihr mit meinem Geldbeutel?«

Reschenpaß schaute mich treuherzig mit einem Pokergesicht an.

»Schau, Ruth, nur tausend habe ich bisher gepflanzt, noch zweihundert oder dreihundert, dann machen wir langsam der Mainau Konkurrenz.«

Da fiel mir ein, daß Carla, meine Agentin, mir zum Geburtstag Tulpenzwiebeln versprochen hatte, die ich nun sehr unfein einforderte. Es kam ein Riesenpaket von ihr mit allen Herrlichkeiten für den Frühling. Reschenpaß breitete die Zwiebeln auf dem großen Tisch in meiner Garage aus und war glücklich über die Fülle.

So bekommt alles, was man tut, auch eine Eigendynamik, und ich stand etwas hilflos davor. Meine eigene Dynamik war jedoch etwas schaumgebremst. Ich war zwar durch die Kur beweglich geworden, für meine Verhältnisse aß ich immer noch wenig, aber ich hatte keine Intuition zum Malen.

Malen ist auch eine Art, Inneres nach außen zu geben. Vielleicht hatte ich deshalb in meinem Jahr des Rückzugs wenig gemalt. Im Garten die Mohnblumen und ein Lilienbild in Hofgastein, sonst nichts. Alles zu seiner Zeit, dachte ich mir und hatte dabei das Gefühl, daß nun auch wieder die Zeit des Malens kommen würde.

Eines Nachts fiel mir ein: Warum machst du nicht eine Ausstellung im Garten am 3. Juli?

Ich schaute in den Kalender: Er fiel auf einen Freitag. Und kurze Zeit später wäre Vollmond.

Kultur in der Natur! Ohne Natur gäbe es keine Kultur.

Wir würden die Bilder auf Staffeleien in den Garten stellen oder an die Bäume ins Gras lehnen. Wir könnten an diesem Tag dem Garten der Aphrodite und auch allen Menschen das Buch überreichen. Mir gefiel meine Idee immer besser.

Es durfte nur nicht regnen! Eine tolle Idee – das machen wir!

Ich bitte einfach den Wettergott für die Tage meiner Ausstellung um schönes Wetter.

Juchhu, ich hab's!

Am Morgen rief ich gleich Müsselchen an, und sie war begeistert von der Idee.

Heidi fand es auch nicht schlecht – man könne im Häuschen bewirten, und vielleicht blühten gerade die Rosen und der Mohn, die Margeriten?

Der Garten der Aphrodite bekam einen ganz neuen Aspekt. Und was meinte Pan dazu? Würde er als Gott der Natur die Kultur in seinem Reich willkommen heißen?

Bevor das Jahr sich seinem Ende zuneigte, wurde dann auch die Glücksgöttin Fortuna endlich geliefert, und Annemarie war ganz entzückt. Nun schaute sie auf drei schöne Frauen im Garten: Aphrodite, Diana und Fortuna.

Und sie befand, Fortuna sei die schönste der Göttinnen.

Alles, was unseren Garten zierte, wurde willkommen geheißen und geehrt. Wir tranken auf Fortunas Einzug und freuten uns an ihrer Gesellschaft. Doch nicht nur die Frauen, auch Philippus, den kleinen Gnom, hatten wir alle ins Herz geschlossen.

Alle wurden mit einem Glas Champagner übergeschüttet und getauft. Und als sie nun alle versammelt waren, mußten wir leider feststellen, daß unser Garten viele Statuen schlucken würde. Da sah ich mich bald wieder arbeiten und Geld verdienen – um dem Garten gerecht zu werden!

Am Anfang des Jahres war ich absolut der Meinung gewesen, daß ich das Spielen nun wirklich nicht mehr brauchte. Doch je länger ich nicht spielte, kam ich ins Schwanken. Mein Rückzug aus meinem Beruf war in gewisser Weise auch Feigheit, Angst davor, mich wieder zu stellen.

Im Fernsehen in mein Gesicht zu sehen, das eben nicht mehr so schön ist wie im Monaco Franze, macht mir im täglichen Leben nichts aus, aber wenn ich mich im Fernsehen sehe, breche jedesmal zusammen. Ich habe ziemlich viele Ängste überwunden. Ich hatte manchmal das Gefühl, ich bestehe überhaupt nur aus Angst. Für Wolfgang bin ich der größte Angsthase der Weltgeschichte, und ich bin durch all diese Ängste gegangen, habe sie mir angeschaut, durchlitten, besonders die Ängste um unser Überleben auf der Erde.

In meinem Beruf bin ich dem banalen Zeitgeist im Fernsehen machtlos ausgeliefert. Was wird geschrieben? Welche Rolle gibt mir ein Produzent? Welche Situation muß ich spielen und welche Texte sprechen? Und obwohl ich fast machtlos bin, habe ich die Verantwortung. Was spiele ich, und ist es für die Menschen gut? Hat es einen Sinn?

Wenn wir den Fernseher heute anmachen, ist im ZDF ein Krimi, auf RTL, in SAT 1 ebenfalls, und die Reklame dafür wird immer grausamer. Morden, Rauben, Schießen gehört zum Fernsehalltag. Unsere Kinder sehen durchschnittlich bis zu ihrem fünfzehnten Lebensjahr sechstausend Morde und unsägliche Grausamkeiten. Gerade in der Zeit wird ihr kleines Hirn programmiert von der Gesellschaft, in der sie leben.

Wo bleiben da Redlichkeit, Ehrlichkeit, Wahrhaftigkeit, Hilfsbereitschaft, Freundschaft, Liebe. Und was kann ich tun? Diese Frage muß ich mir immer wieder stellen.

Das nächste, was zu tun war, war, auf den Kälteeinbruch zu reagieren. Die Rosen waren noch nicht abgedeckt, der Feigenbaum hatte noch keinen Winterschutz, und für die Statuen mußten wir uns auch ein schützendes Winterkleid ausdenken.

Mit Torf bedeckten wir alle Beete, alle Pflanzen wurden in ein warmes Torfbett gepackt.

Von Freunden bekamen wir Unmengen von Tannenzweigen, sehr zur Freude von Heidi, mit denen wir höchst kunstvoll die Rosen schützten.

Philippus und Botera bekamen ein Tannenkleid mit Schleife, die großen Damen ließen wir vom Tischler in kleine Häuschen einbauen, und Heidi setzte ihnen einen dekorativen Tannenhut auf.

Die einzige, die damit nicht zufrieden war, war Annemarie, weil die Göttinnen für sie nun nicht mehr sichtbar waren.

Der Winter konnte kommen.

Doch zuvor wollte Helena Allerheiligen, das Fest des Übergangs vom Herbst zum Winter, unbedingt mit ihren Lampions im Garten feiern.

Alexander, ihr Vater, brachte sie zu mir, und Helena zeigte ihm ihren Helena-Paß. Bis jetzt hatte sie das Wort Paß nicht hinterfragt, so jedoch nicht heute: »Was ist eigentlich ein Paß, Papa?«

Alexander antwortete: »Das sind so schmale Straßen wie diese hier, damit die Menschen noch hineinpassen, du siehst, ich passe in deinen Paß.« Sie gab sich damit zufrieden.

Alexander mußte nun alle Pässe mit ihr abgehen und natürlich tief in den Wald hinunter, sie fand das alles sehr gefährlich und hüpfte über imaginäre Hindernisse und lobte sich, wie mutig sie sei.

»Weißt du, Papa, da unten gibt es Wildschweine und Füchse, aber du brauchst keine Angst zu haben, ich bin ja bei dir.«

Und sie hüpfte weiter von Absatz zu Absatz, mit Mühe bekamen wir sie in die Wohnung.

Hier fing sie gleich unser vertrautes Spiel an: Sie war die Braut Rosalie und ich Rosalo, und Alex bekam die Rolle des Bruders, aber er durfte nicht mit in unsere Hochzeitskutsche, auf der wir rittlings saßen. Der Bär, unser Kind, war auch dabei, und wir flogen ab – unsere Kutsche konnte fliegen.

Sie ließ das Kind immer mal aus der Kutsche fallen, und ich mußte es retten. Sie zeigte ihrem Vater, was wir so alles machen. Dann besuchten wir den Bruder – den Vater –, und sie erzählte ihm, daß sie das Straußenei, ihre Venus, ihren Schutz, leider zerbrochen hätte, aber sie wäre ganz unschuldig, weil sie ja gedacht hätte, es sei aus Plastik.

Als Alexander dann gehen mußte, spielten wir bis zur Erschöpfung Aschenputtel.

Mein Schlafzimmer war die Bühne für dieses Spiel.

Helena lag auf einem großen Kissen am Boden als Aschenputtel, und ich schmiß ihr als böse Stiefmutter eine Schale mit Steinen hin, damit sie diese wieder in die Schale zurücksortierte, und sie genoß es, wenn ich so richtig schön böse spielte.

»Ich gehe jetzt mit meinen Töchtern zum Ball auf den Königshof, und du dumme Pute, du Dreckspatz, putzt die Steine fein sauber wieder in die Schüssel.«

Wir hatten keine Erbsen, wir machten das mit Steinen.

Ergeben sagte sie dann, mit einem Augenaufschlag, der sich gewaschen hatte: »Ja, Mutter.«

Ich ging als Stiefmutter mit großem Aplomb zum Ball und kam als gute Fee geschwebt wieder, um Helena ein schönes Kleid zu bringen. Alle meine großen Tücher wurden als Ballkleid umschlungen, an den Füßen hatte Helena Strohschuhe mit einer rosa Masche, die sie sehr liebt.

Und dann kam sie mit niedergeschlagenen Augen in unnachahmlicher Bescheidenheit auf den Ball.

Ich war jetzt der Prinz und bewunderte die schöne Prinzessin und bat sie zum Tanz. Überschüttete sie mit Komplimenten über ihre Schönheit und ihr wunderbares Kleid, und als ich sie fragte, wie sie denn hieße, riß sie sich los und sagte tragisch: »Du wirst mich nie wiedersehen.«

Verlor dann gekonnt ihren Strohlatsch und kehrte auf ihr Kissen zurück.

Nun war ich als Prinz tief ergriffen, küßte den

Schuh meiner Angebeteten und schickte meine Minister aus, um diesen Ausbund an Schönheit zu finden.

Helena saß inzwischen auf ihrem Kissen und genoß mein Spiel. Ich kam jetzt als Minister zur Stiefmutter, sprang von einer Seite auf die andere, die böse Stiefmutter wollte natürlich, daß ihre anderen Töchter den Schuh probierten, und wenn ich als Stiefschwester nicht in den kleinen Schuh kam und vor Wut laut quietschte, war sie unten auf ihrem Kissen ganz selig in der Gewißheit, daß ihr Füßchen ja in diesen herrlichen Schuh paßt.

Dann bat ich sie als Minister, doch so lieb zu sein und diesen entzückenden Schuh zu probieren – und er paßte!

Nun erstickte die böse Stiefmutter fast vor Wut und wollte das Ballkleid sehen.

Helena verschwand hinter dem Schrank, kam mit dem Schal als Kleid wieder hervor, und ich mußte sie als Stiefmutter um Verzeihung bitten für all die Bitternis, die ich ihr angetan hatte.

Großmütig und gütig mit Augenaufschlag verzieh sie mir und lud die böse Stiefmutter auf ihr Schloß ein.

Ich sprang einen Meter weiter und erwartete als schöner Prinz die Braut, hob sie hoch und entführte sie in mein Schloß. Wenn ich Glück hatte, aßen wir von goldenen Tellern Kartoffelbrei mit Möhren.

Wie dankbar bin ich, daß ich den Beruf einer Schauspielerin gelernt habe.

Endlich wurde es dunkel, und mit großem Geschrei wurden die Lampions angezündet.

Heidi war ausnahmsweise pünktlich, und Helena führte nun Regie. Wir sollten hintereinander marschieren, erst sie, dann Heidi, dann ich. Es ging aber schon im Aufzug nicht hintereinander, und der Regisseur wurde sehr wütend.

»Die Ruth drängelt! Geh zurück!«

»Ja, dann muß ich eben oben bleiben.«

Da wurde es mir doch erlaubt, mich in den Aufzug zu drängeln.

Unten wurden wir wieder in die Reihe gestellt. Neuerdings sagte sie Ruth, nicht mehr Nanni.

»Also, die Ruth kommt nach hinten.«

Jetzt war Heidi da, und da hatte ich völlig ausgespielt. Wir gingen also laut singend mit unseren Lampions hinunter in den Wald: »Laterne, Laterne, Sonne, Mond und Sterne.«

Im Wald ist es wirklich dunkel, und ich versuchte, von dem Licht der beiden etwas abzubekommen.

Ungnädig sagte sie: »Die Ruth drängelt immer, geh nach hinten.«

»Ja, aber ich sehe ja nichts.«

»Doch, du siehst genug.«

Sie wollte bis runter zu den Wildschweinen. Ich konnte es gerade noch verhindern. Wir kletterten wieder hoch und schritten mit unserem Licht über alle Pässe. Als wir gerade oben ankamen, unsere Laternen, die Helena selbst gebastelt hatte, o Wunder, brannten noch, holte ihre Mutti sie ab.

Als Helena weg war, setzten wir uns zur Feier des Tages ins Häuschen. Reschenpaß machte, in einer Bratpfanne auf einem Holzpflock mit einem Granitstein abgedeckt, ein schönes Feuer.

Er hatte scharfe Hexensuppe gekocht, und wir hatten uns passend in unsere warmen, gefütterten Arbeitshemden geschmissen.

Die ganze Szenerie sah ein bißchen aus wie ein Lagerfeuer in Alaska, wir sangen leise Lieder für den Wald und konnten natürlich immer nur zwei Strophen.

Dann sang ich mein Repertoire aus dem Erzgebirge: »Die Sunn steigt überm Wald drübn nei« und »Da setz mer uns halt auf die Ofenbank, wenn's Feier brennt, wird die Zeit net lang« und »Der Mond ist aufgegangen«.

Dann sang der Reschenpaß »Schnaderhüpferl«.

Heidi singt leider falsch und kann sich immer nur anschließen.

Ich hoffe, die Naturwesen waren nicht zu sehr entsetzt.

Wir feierten unseren Abschied von der Arbeit, vom Sommer, vom Herbst, von unserem geliebten Garten.

Jetzt sollte er in seiner ganzen Schönheit ruhen.

Auch in diesem abgedeckten Winterkleid entfaltete er noch seinen Charme.

XII

*Im zwölften Kapitel beschränkt
sich das Weihnachtsessen
auf die Sauce, und ich freue mich
auf all die wunder-
vollen Erfahrungen des Lebens*

Jetzt ist die Zeit. War jetzt die Zeit? Meine Zeit?

Um mich herum immer wieder Trubel, den ich selbst verursachte. Den mußte ich jetzt abstellen!

Ich mußte meine Grenzen neu abstecken, sonst fraßen mich meine liebevollen Freunde auf.

Heidi nahm mir alles aus der Hand, machte sogar die Weihnachtsdekorationen und schmückte den Weihnachtsbaum, plante, was ich brauchte, und ich fühlte mich damit zur hilflosen Alten gestempelt. Eine neue Erfahrung. Zuviel an Hilfe macht müde und alt. Die persönlichen Freiräume muß ich mir erhalten. Man kann zusammen planen, arbeiten, aber dann muß man immer wieder durchatmen und allein sein.

Ich jedenfalls brauche das Alleinsein, die Stille, um schöpferisch zu sein.

Das Jahr neigte sich dem Ende zu, und was hatte ich geleistet? Mit großer Hilfe von Heidi, Reschenpaß, Volker und Gerhard und dem Stein-Ilg hatte ich den Garten gebaut – ein Stück Erde verschönert. Der Garten war das sichtbare Zeichen meiner Entwicklung, den kann man sehen, anfassen und darin spazieren gehen. Eigentlich ist er wunderschön geworden.

Das Unsichtbare, das nicht Faßbare meiner inneren Entwicklung, ist, daß ich lernen mußte, loszulassen. Für mich ist das Loslassen im Leben, und zwar Loslassen von Menschen und Dingen, eine der wichtigsten Übungen. Weil ich durch das Loslassen den anderen ihre Freiheit zurückgebe und ich selbst frei werde. Und jedesmal, wenn mir das Loslassen wirklich gelungen ist, erfüllt mich ein unbeschreibliches Glücksgefühl. Am schwierigsten fiel es mir, meinen Sohn loszulassen, und zwar vollkommen, nicht mal mit Fragen mich einzumischen.

Ich habe sogar gelernt, Helena loszulassen.

Und ich habe ebenso gelernt, Müsselchen loszulassen und sie nicht mehr mit guten Ratschlägen zu verfolgen. Ich habe begriffen, daß sie ihr ureigenstes Leben leben muß, das für mich zwar manchmal unverständlich ist, aber das gegenseitige Vertrauen und die Liebe, die wir füreinander empfinden, wird immer wieder eine Brücke sein, über die wir wandern können in absoluter persönlicher Freiheit.

Ich sehe, daß es jetzt für Heidi schwer wird, mich loszulassen.

Ihre Probleme können weder der Garten noch ich heilen. Wir können nur hilfreich an ihrer Seite stehen. Wie auch sie an meiner Seite mit ihrer praktischen Begabung dem Garten der Aphrodite zur Schönheit verholfen hat. Sie ist ein Mensch mit einer großen Kavalierseigenschaft, sie schützt das Schwächere, gibt sich auf im Dienen.

Das Leben dient uns, und wir sollten dem Leben dienen. Dem Ganzen dienen sollten wir alle.

Ich habe begriffen, daß mein Rückzug aus der Welt und aus meinem Beruf nötig war, um zu wachsen in der Stille, aber nun werde ich mich meiner Angst und Feigheit stellen und wieder hinausgehen.

Mut ist, wenn man seine Ängste überwindet, nicht wenn man aus Dummheit tapfer ist, weil man die eventuellen Gefahren nicht sieht.

Ich habe die Tür zur Anderswelt einen Spalt geöffnet, und es ist mir klar geworden, daß ich mich da behutsam ohne Erwartungshaltung demütig weitertasten darf.

Auf meine Weise. Und mit Erfahrungen, die ich auch an andere weitergeben will.

Im Advent hatte ich noch vier Weihnachtslesungen. Ich las aus meinem Weihnachtsbuch »Wenn auf der Welt immer Weihnachten wäre...« und spürte, wie groß das Bedürfnis der Menschen nach geistiger und seelischer Nahrung ist.

Diese Lesungen sind auch für mich ein großes Bedürfnis, weil ich den Menschen dabei viel näher bin, als wenn ich Theater spiele.

Nach den Lesungen gibt es oft Gespräche, die sich über Stunden hinziehen und die Menschen öffnen sich mir in ihren Sorgen und Nöten. Und manchmal kann ich ihnen einfach durch mein Sein, ein gutes Wort, einen guten Gedanken, helfen.

Müsselchen, die mich dabei immer begleitet, ist

oft Mittler, weil die Menschen unsere Freundschaft spüren und über sie den Weg zu mir leichter finden.

Weihnachten selbst sollte eine ruhige Zeit werden, nur Wolfgang und ich.

Ich wollte ihm zuliebe meine Grundsätze überwinden, in meiner Wohnung kein Fleisch zu kochen oder zu braten. Doch nur Gemüsesuppe zu Weihnachten war für ihn vielleicht doch zu armselig, also ging ich in Tägerwilen in die Fleischerei und wollte eine Roulade kaufen. Am Blick des Fleischers sah ich jedoch, daß er nicht wußte, was das ist. Also erklärte ich: ein großes Stück Fleisch, darin wird Senf, Speck und Gurke eingewickelt und festgespießt.

Ich bekam auch etwas Rundes und gab mir Mühe beim Braten. Darüber hinaus bin ich eine gute Saucenköchin!

Wolfgang schnitt die Roulade mit großer Freude auf, verzog dann jedoch das Gesicht: Da war eine Art Bockwurst eingewickelt, und es schmeckte nach nichts!

Also man sollte einfach nicht über seinen Schatten springen!

Wir haben sehr darüber gelacht, weil Wolfgang bei »Biolek« gesagt hatte, er verbringe Weihnachten am Bodensee, und ich sei schon auf der Suche nach Rouladen.

In allen Weihnachtsbriefen, die kamen, wünschte

man uns einen guten Appetit und gutes Gelingen. Wenn die gewußt hätten! Das einzig Genießbare war die Sauce.

Wolfgang saß die ganzen Tage an einem kleinen Kirschbaumschreibtisch, schaute in den Kirschgarten vom Ilg und arbeitete an seinen Drehbüchern.

Er arbeitet eigentlich immer und freut sich an dem vielen Licht in meiner Wohnung und an der Weite des Blickes über den Untersee, die Reichenau, bis hin zum großen Bodensee.

Täglich fragte er mich: »Was machst du heute?«

Am liebsten hätte er, wenn ich immer Bäume pflanzen würde, was ich einmal in einer Gruppe getan habe.

Viertausend Bäume gepflanzt!

Aber nun finde mal jemand, der dich pflanzen läßt – immerfort.

Er würde gerne sehen, daß ich die Wunder vollbringe, an die er nicht glaubt.

Das, was ihm manchmal so etwas wie Bewunderung abringt, ist, wenn ich mich immer wieder selbst heile, meinen Finger oder mein Bein oder Erkältungen, ohne den Weg zum Arzt.

Im Dorf könnte er nicht auf Dauer leben; es ist ja nichts los. Da würde es ihm so langweilig, daß er nach Tagen sozusagen die Häuser anzünden würde, bloß damit was passiert.

Wolfgang ist immer wieder einer meiner größten Lehrmeister.

Wir haben völlig verschiedene Auffassungen vom Leben und versuchen trotzdem, miteinander in Frieden auszukommen – Toleranz ist da gefragt – auf beiden Seiten.

Wahrscheinlich bei ihm noch mehr, weil ich manchmal unverständlich für sein Denken bin.

Ich bin bereit, meine Meinung immer wieder zu ändern, ich bin bereit, neue Wege zu gehen und sie sogar zu suchen.

Das tut er nur in der Arbeit, aber sonst hält er an Gewohntem fest.

Für mich ist Gewohnheit tödlich, und er braucht sie bei seinem unsteten Leben, immer in Bewegung.

Da muß etwas dasein, was besteht, was gleichbleibend ist, festgemauert in der Erde.

Das Maß der Zeit in mir ist Ruhe, keine Gefühlsstürme, Ruhe in Gedanken, Stille, die mir heilig wird, die ich auch durch keine noch so schöne Musik stören will. Jedes Telefongespräch scheue.

Und diese Stille bekommt auf einmal Klang. Da sind Töne in meinen Ohren aus anderen Klangwelten, denen ich lausche.

Ja, in eine lauschende Stille zu gleiten war mein Wunsch, und da bin ich nun. In dieser Stille gehe ich ins Atelier, muß ich einfach malen, einen mondverhangenen, geheimnisvollen Wald, sonnendurchflutete Buchen und Lärchen, die Nacht über dem Bodenseeraum mit ihrem Silberschimmer; das sich immer mehr verändernde Licht über unserer Erde in seiner Schönheit festhalten, für Sekunden auf der Leinwand.

Dieser Frieden teilt sich meinem ganzen Sein mit. Die Wohnung atmet ihn ein, die ganze Atmosphäre um mich herum trinkt diesen Frieden. Er strömt in den Garten, auch zu den Bäumen.

So ist es, wenn man sich Zeit schenkt, wenn man es, ich will dafür dankbar sein, auch kann, weil ich zwei Serien gemacht habe und mir dieses Geld ein Jahr Unabhängigkeit ermöglicht hat.

Ich weiß jetzt auch nach diesem Jahr, wie lange man braucht, um heil zu werden. Ich fühle dieses Heilwerden auf allen Ebenen.

Und zaghaft meldet sich die Stimme der Einheit in mir. Ich habe jetzt den Mut zu sagen, der himmlische Vater und die himmlische Mutter und ich sind eins. Jesus verzeih, aber heute müssen wir sagen, Vater und Mutter Gottes sind eins mit mir. Und sie sind es, die die Werke durch mich, durch uns, tun.

Ich bin nun bereit.

Aprikoositi
Ritta Nevers, Lütikstad
1998